C.H.BECK WISSEN

Dieser Band informiert knapp, kompetent und anschaulich über Geschichte und Kultur der fränkischen Gesellschaft vom Rückzug der römischen Kaiser aus den lateinischen Provinzen bis zu dem unspektakulären Ende des letzten Nachfahren Karls des Großen im 10. Jahrhundert. Schwerpunkte liegen auf dem Erbe des Imperium Romanum, das die nachrömische – fränkische – Gesellschaft sehr erfolgreich ausgestaltete, sowie auf den politischen und sozialen Strukturen. Die kleine Einführung erhellt zudem die Entstehung der christlichen Kultur in der lateinischen Welt, die Wissensorganisation und die wirtschaftlichen Verhältnisse in der fränkischen Gesellschaft.

Bernhard Jussen lehrt als Professor für «Mittelalterliche Geschichte mit ihren Perspektiven in der Gegenwart» an der Goethe-Universität in Frankfurt am Main. Das nachrömische Europa, politische Sprache, Verwandtschaft im Kulturvergleich, historische Semantik und visuelle Kultur der lateinischen Gesellschaften sind seine Forschungsthemen. 2007 wurde er mit dem Gottfried Wilhelm Leibniz-Preis der Deutschen Forschungsgemeinschaft ausgezeichnet. Von ihm ist zuletzt im Verlag C.H.Beck erschienen: *Das Geschenk des Orest. Eine Geschichte des nachrömischen Europa. 526–1535* (2023).

Bernhard Jussen

DIE FRANKEN

Geschichte, Gesellschaft, Kultur

C.H.Beck

Mit 13 Abbildungen

Die erste Auflage dieses Buches erschien 2014.

2., überarbeitete Auflage. 2024

Originalausgabe

www.chbeck.de
Reihengestaltung Umschlag: Uwe Göbel (Original 1995, mit Logo),
Marion Blomeyer (Überarbeitung 2018)
Umschlagabbildung: Reiterstatuette eines karolingischen Herrschers,
um 870 (?). Bronze, Höhe 24 cm, Breite 9,5 cm, Länge 17,5 cm,
Dép. des Objets d'Art, Paris, Musée du Louvre,
© akg-images/Erich Lessing
Satz: Fotosatz Amann, Memmingen
Druck und Bindung: Druckerei C.H.Beck, Nördlingen
Printed in Germany
ISBN 978 3 406 80019 1

verantwortungsbewusst produziert
www.chbeck.de/nachhaltig

Inhalt

I. Was gehen uns «die Franken» an?

Wozu «die Franken»? Als sich die deutschen Länder im 19. Jahrhundert als ein einheitlicher Staat, eine Nation, zu erfinden suchten, war es nicht schwierig, Gründe für die Beschäftigung mit den Franken zu finden. Die Franken waren historischer Beweis der Zusammengehörigkeit und Größe jenes «Volkes», das sich 1871 «verspätet», wie man meinte, als Staat erzeugt hat. Weshalb aber sollten die Franken noch für unsere Gegenwart wichtig sein? Um die Fundamente jener Aspekte zu verstehen, die bis heute die Eigentümlichkeit des westlichen, des lateinischen Europa markieren, muss man den Blick sehr weit zurückwerfen, nämlich in jene Jahrhunderte, in denen das römische Imperium nur noch im griechischsprachigen Teil eine politische und kulturelle Gestaltungsmacht war. Im westlichen, lateinischsprachigen überdauerte es allenfalls noch als ferne Referenz und kulturelles Zitatenreservoir. Hier, in den vom Imperium zurückgelassenen – also poströmischen – Räumen formierte sich eine Reihe neuer Gesellschaften, von denen zwei sich als langlebig erwiesen – eine muslimische auf der Iberischen Halbinsel seit Beginn des 8. Jahrhunderts und eine christliche nördlich von Alpen und Pyrenäen seit dem späten 5. Jahrhundert. Letztere ist es, die man die «fränkische» nennt. Und diese Kultur ist gemeint mit der Beobachtung, «dass um das Jahr 1000 die grundlegende Arbeit in Europa bereits getan war» (z. B. Louis Dumont, Satish Saberwal). Was Europa heute ausmacht, kann man natürlich in nicht wenigen Aspekten auch mit dem Hinweis auf die Aufklärung zu bestimmen suchen, es lässt sich aber kaum verstehen ohne den Blick auf die ersten nachrömischen Jahrhunderte – auf die fränkische Gesellschaft des 5. bis 10. Jahrhunderts, um die es hier gehen soll.

Einige zentrale Aspekte: Diese Langzeitperspektive aus der heutigen Gegenwart war für die folgenden Kapitel mein Auswahlkriterium des Stoffes. Ich habe mein Augenmerk insbesondere jenen Hervorbringungen der fränkischen Kultur gewidmet, die bis heute die westeuropäischen Gesellschaften – als «Zivilgesellschaften» bezeichnen wir sie seit den 1990er Jahren – unterscheiden von anderen großen Kulturen der Welt. Um einige Aspekte zu nennen:

(1) Ehrenmord – Mädchentötung – Ehe – Verwandtschaft: Warum kam man im lateinischen Europa nie auf die Idee, neugeborene Mädchen zu töten, während diese Praxis in anderen Kulturen, Indien und China besonders, bis heute ein Problem ist? Und warum sind und waren Ehrenmorde in den meisten Teilen des lateinischen Westens kein Thema? Dies liegt an einer spezifischen Vorstellung und rechtlichen Ausformung von Familie und Verwandtschaft, die sich in der fränkischen Welt herausgebildet und als nachhaltiger Faktor zur Formierung der lateinischen Gesellschaften erwiesen hat: Die massive Forcierung der monogamen, untrennbaren Ehe bedeutete zugleich die Schwächung der ahnenorientierten patriarchalischen Verwandtschaftsverbände (S. 101).

(2) Ehe gegen Ahnenverband: Die christlichen Gemeinschaften haben sich zwar überall – in der griechischen Welt, in den christlichen Kulturen jenseits der Grenzen des römischen Imperiums – als ahnenfeindliche Gemeinschaften formiert. Allenthalben haben sie Ahnenkult abgelehnt, und überall etablierten sich zumindest ihre hohen Amtsinhaber als Gruppen von Ehelosen. Dadurch unterschieden sich alle Christentümer von Judentum oder Islam. Aber nur in der lateinischen Welt hatte die Institutionalisierung dieser Ahnenfeindlichkeit erhebliche politische Folgen. Warum? Weil nur hier das politische System (jenes der römischen Kaiserzeit) so vollständig zusammengebrochen war, dass nur die Kirche als dominantes Sinnsystem übrig blieb und für mehrere Jahrhunderte – bis ins 11. – zugleich als einziger Denkrahmen des Politischen funktionierte. «Kirche» *war* das politische Denkmodell (S. 86).

(3) Totensorge: Im fränkischen Europa ist die Totensorge – Kernelement jeder vormodernen Gesellschaft – fundamental neu geregelt worden, und zwar in einer im Kulturvergleich einzigartigen Weise: Totensorge war nicht mehr wie in der römischen Gesellschaft Aufgabe der männlichen Nachkommen, sondern kirchlicher Spezialisten und hinterbliebener Ehefrauen und -männer (S. 105).

(4) Ein Riesenarchiv an Gegenmeinungen: Im Machtbereich der fränkischen Herrscher sprach man in vielen Regionen nicht fränkisch, sondern langobardisch oder okzitanisch und einiges andere. Eine noch für Jahrhunderte folgenschwere Leistung jener Kultur hat gewährleistet (wenngleich dies nicht die Intention gewesen sein mag, vgl. S. 115), dass ein – unter den damaligen Kommunikationsbedingungen riesiger – Raum regierbar war: die Entscheidung für Latein als politische Sprache und das strenge Kodifizieren und grammatische Festlegen der seinerzeit noch in allerlei Dialekten lebenden, sich andauernd verändernden lateinischen Sprache. Bis zur Karriere der Stadtkommunen seit dem 12. Jahrhundert blieb Latein die Sprache des Politischen, bis weit ins Europa der Staaten die Sprache der Universitäten und bis ins 20. Jahrhundert die Sprache der katholischen Liturgie. Dieser Festlegung der politischen Kultur auf das Lateinische verdanken wir das Überleben des überwiegenden Teils der lateinischen Literatur aus römischer Zeit. Das Gros dieser Texte ist zwischen 800 und 900 in klösterlichen Schreibstuben kopiert worden und nur deshalb bis heute erhalten. Diese gigantische Arbeit des Abschreibens hatte nicht zuletzt den Effekt, dass die fränkische Gesellschaft ein Riesenarchiv vorchristlicher Ideen angelegt hat, die den seinerzeit herrschenden Auffassungen – in sakraler, sozialer wie politischer Hinsicht – widersprachen. Jederzeit konnten Neugierige in einer Hof-, Dom- oder Klosterbibliothek in einen Bücherschrank greifen und einen vergessenen römischen Text herausziehen, dessen Inhalt weit jenseits des Tolerablen war und das Denken dramatisch in Unordnung brachte. Immer wieder ist dies schon neugierigen Mönchen und sicher auch Nonnen des 9. Jahrhunderts passiert, erst recht späteren Entdeckern dieser fränkischen Abschriften seit der Entstehung der Universitäten (S. 114).

(5) Der Herrscher bleibt Laie: Eine Weichenstellung für die Geschichte des lateinischen Europa war fällig, als die fränkischen

Könige ins Gehege der päpstlichen Politik gerieten. Die Könige haben es trotz einiger Anstrengungen (S. 93) nicht geschafft, ihr Verhältnis zum Oberhaupt der lateinischen Kirche so zu regeln wie die Kaiser in Konstantinopel ihr Verhältnis zum Patriarchen. Die römischen Kaiser am Bosporus haben die Praxis der vorchristlichen römischen Kaiserzeit fortgesetzt und ihre eigene Hoheit auch in Sakralfragen durchgesetzt. Der Patriarch war immer – auch in kirchlichen Fragen – untergeordnet. Die fränkischen Herrscher hingegen haben die Genese jener politischen Grundspannung hinnehmen müssen, die im 11./12. Jahrhundert zunächst zum politischen Eklat führte, als es darum ging, ob der König Einfluss nehmen dürfe auf die Besetzung der Bischofsämter («Investiturstreit»), und dann die Autonomisierung des politischen Feldes vom kirchlichen Feld ermöglicht hat.

(6) Die alte Elite erfindet das neue politische System: Als seit etwa 500 in Gallien eine neue – fränkische – politische Kultur Kontur gewann, konnte sie auf Strukturen aufbauen, die in der Zeit des politischen Vakuums im 5. Jahrhundert entstanden waren: Die gallischen Magnatenfamilien – ehemals politische Mitspieler im römischen Imperium, nun mehr oder weniger haltlose Figuren in einer von den Kaisern zurückgelassenen Region – hatten sich des Bischofsamtes bemächtigt und dieses zu einem lokalen politischen Amt umfunktioniert. Sie hatten den Bischof zum Stadtherrn verwandelt und damit – mangels Alternative – das kirchliche Amt für ihre eigenen politischen Ambitionen interessant gemacht. Dabei ist die Grundstruktur eines politischen Bistümernetzes entstanden, auf der bald die fränkische politische Kultur fußen sollte. In keiner der anderen christlichen Gesellschaften rund um das Mittelmeer hat es eine ähnliche Transformation gegeben (S. 26), kein Magnat in «Neu Rom» am Bosporus hat sich aus politischen Gründen für das Bischofsamt interessiert (denn es gab den Senat noch, in dem man seine Ambitionen ausleben konnte), keiner in Italien (auch dort gab es noch bis in die zweite Hälfte des 6. Jahrhunderts einen Senat, und größere Teile Italiens wurden noch von den Kaisern am Bosporus regiert), keiner in Nordafrika (dort gab es eine so hohe Zahl von Bischofssitzen, dass diese zur gesellschaftlichen Distinktion der Amtsinhaber nicht taugten). Kurz, in keiner anderen Region haben die alten Eliten des untergehenden Systems bereits die politische Infrastruktur der neuen, nachrömischen Gesellschaft konzipiert.

(7) Randständigkeit als Kultur: Die fränkische Kultur war nicht nur eine Randkultur, die man in Bagdad oder in Konstantinopel kaum ernst genommen hat, sie hat sich auch selbst als eine Randkultur konzipiert: Man lebte mit dem Wissen, die heiligen Schriften nur in Übersetzungen lesen zu können, kaum jemand hat je das Zentrum des eigenen geistigen Kosmos – stets fraglos Jerusalem – gesehen. Man wusste, dass dort eine andere Sprache und andere Schriftzeichen benutzt wurden und dass Jerusalem seit dem 7. Jahrhundert in den Händen von «Sarazenen» war. Randständigkeit ist eine im Kulturvergleich durchaus spektakuläre Selbstdeutung. Große Kulturen (wie das «Reich der Mitte» oder die römische Kultur der Mittelmeerwelt mit der Metropole Rom) nehmen sich selbst als Zentrum wahr. Die fränkische Welt tat dies nicht. Man zitierte das Zentrum, das kaum je einer betreten hatte, bezog sich darauf und war – zumindest zu bestimmten Zeiten – begierig nach Objekten dieses Zentrums: So entsprechen in der Aachener Palastkapelle (dem wichtigsten fränkischen Palast um 800) zentrale Maße den in der Apokalypse genannten Maßen des himmlischen Jerusalem; das Oktogon selbst scheint auf die Grabeskirche zu verweisen; den Marmor für den Aachener Thron im Obergeschoß der Palastkapelle hat man – nach allem, was sich rekonstruieren lässt – ebenfalls von der Grabeskirche in Jerusalem nach Aachen geschafft, er ist gewissermaßen eine Reliquie; der Ende des 8. Jahrhunderts am fränkischen Hof wirkende Gelehrte Alkuin bezeichnete Aachen als Jerusalem König Karls; Münzen, die nach Karls Kaisererhebung geschlagen wurden, scheinen auf der Rückseite das Heilige Grab zu zeigen (Abb. 1). Karl der Große hielt es offenbar für seine Aufgabe, im unendlich weit entfernten Jerusalem die Kirchen instand zu halten, und er hat Listen anfertigen lassen über das Personal dieser Kirchen. Kurz, die Idee des sehr fernen Zentrums saß im Kern der gelehrten (also der archivierenden) Kultur. Nach den Vorstellungen der Gelehrten sollte Jerusalem auch eine prominente Rolle am

Abb. 1: Münze Karls des Großen (Münzkabinett, Staatliche Museen zu Berlin) und Steinrelief aus Konstantinopel (Washington, Dumbarton Oaks Library) wohl mit Darstellungen des Heiligen Grabes.

Zwischen 806 und 812 hat Karl der Große begonnen, Münzen prägen zu lassen mit der Darstellung eines Gebäudes, das als das Heilige Grab identifizierbar ist (oben rechts). Seinerzeit engagierte sich Karl für die Verbesserung der baulichen Zustände der Jerusalemer Kirchen. Das schematisierte Heilige Grab ist von anderen Gegenständen bekannt, etwa einem Steinrelief (unten) aus der griechischen Welt (68,5 cm x 57 cm, um 600) oder von Pilger-Ampullen.

Jüngsten Tag spielen. Wie sich diese tief verwurzelte Vorstellung der eigenen Randständigkeit im Einzelnen kulturell ausgewirkt hat, ist erst in Ansätzen erforscht. Dass aber die Regionen im Einflussbereich der lateinischen Kirche «sich mit Nachdruck nicht als das Zentrum der Welt sahen» (so stellt der Kunsthistoriker Alexander Nagel noch für die Renaissance bis zur Entdeckung Amerikas fest) ist kaum bestreitbar.

(8) Befreiung der Kunst: Seit Karl dem Großen wurde der Grundstein für das gelegt, was die lateinisch-europäische Kunstgeschichte geworden ist – eine Geschichte, die im Osten des alten Imperiums ganz anders verlaufen ist. Die politischen Theoretiker in den Regierungszentralen Karls des Großen und seiner Nachfolger haben die folgenschwere Position eingenommen, dass ein Bild oder eine Statue nichts weiter sei als ein von Menschenhand erzeugtes Ding. Die Politik müsse sich dafür nicht besonders interessieren, nicht einmal in jenem Bereich, der damals als Kern der politischen Aufgaben galt – der Sicherung des Wegs zur Erlangung des Seelenheils. Anders gesagt: Die fränkischen Politiker haben die Künstler entlastet vom Gewicht politischer Relevanz, besonders von der Relevanz für den Heilsweg. In der griechischen Welt war dies fundamental anders. Die Bilder der zentralen biblischen Figuren waren für das Schicksal des Kaisers ebenso wichtig wie für das Seelenheil der Gläubigen. Für die künstlerische Produktion im lateinischen Europa wirkte die fränkische Politik seit etwa 800 als überragend wichtiger Impuls (S. 116).

Im Pantheon der Gründungsfiguren Europas? Die Ausgangsfrage «Was gehen uns die Franken an?» dürfte – so viel mag diese erste Aufzählung zeigen – mit Blick auf das Verständnis unserer eigenen kulturellen, politischen und sozialen Strukturen immer noch leicht zu beantworten sein. Der Blick auf «die Franken» erlaubt Zusammenhänge zu verstehen, die Grundorientierungen noch unserer Zeit betreffen – von der Deutung großer Migrationsbewegungen (S. 17) bis zu der Frage, wie Imperien funktionieren und was sie von Staaten unterscheidet (S. 23). Was war es, das die fränkische Gesellschaft zu etwas anderem gemacht hat als die awarische oder die ostgotische? Weshalb werden fränkische Könige wie Chlodwig und besonders Karl «der Große» im Pantheon der Gründungsväter Europas aufgestellt, nicht aber die Gotenkönige Theoderich oder Alarich? Worin bestand die besondere Leistung dieser «fränkischen» Kultur für ihre Langlebigkeit im nachrömischen Lateineuropa, und worin besteht ihre ‹staatstragende› Funktion für die heutigen Gesellschaften, für die rückschauende Selbstvergewisserung einer mit sich ringenden europäischen Union und ihrer Institutionen – der Nationalmuseen, der prominenten Ehrungen (etwa des «Karlspreises»), der gerne zitierten Referenzfiguren?

«Die fränkische Welt». Im Folgenden geht es um eine Kultur, deren Protagonisten und deren Bevölkerung so bunt gemischt waren, dass eine nach «Stamm», «Ethnie» oder *«gens»* klingende Bezeichnung wie «die Franken» das historische Phänomen nicht trifft. Es geht um etwas, das in der englischen und französischen Forschung «Die fränkische Welt» (*the Frankish world, le monde Franc*) genannt wird, um eine Kultur, die nicht selten mit dem Etikett «Franken» gearbeitet hat, obgleich ‹echte› Franken anfangs nur ein paar Gestalten mit fernem Migrationshintergrund unter vielen Romanen waren, später eine Gruppe unter vielen anderen (Burgundern, Alemannen, Aquitaniern, Sachsen usw.). Diese fränkische Welt wurde an Höfen entworfen und am Leben gehalten, an denen anfangs überwiegend Romanen (wie Gregor von Tours), später Iren (wie Dungal), Goten (wie Theodulf) oder Angelsachsen (wie Alkuin) den Ton angaben, noch später Sachsen und so fort. Die fränkische Welt bestand nicht aus Franken, sondern aus einer bunt gemischten Bevölkerung, und der Hof bildete dies mit seiner Vielfalt zugereister Experten ab. Die Könige hätten erstaunlich lange auf fränkische Herkunft verweisen können (vgl. aber S. 106), und erstaunlich lange rekrutierte man sie aus nur zwei Familien (zuerst bis Mitte des 8. Jahrhunderts aus jener der heute sog. «Merowinger», dann der sog. «Karolinger»), erst seit etwa 888 verlor das Argument der Vater-Sohn-Nachfolge seine Überzeugungskraft (S. 72). Aber das politisch-kulturelle Gebilde, das sie regierten, wurde von sehr vielen anderen nicht nur bevölkert, sondern auch nachdrücklich gestaltet. Als Synonym für die fränkische Welt kann man «die Franken» mithin allenfalls in Anführungszeichen nutzen.

Ab wann und bis wann sind «die Franken» ein relevanter historischer Gegenstand?

Ein sinnvoller Anfang. Das Thema «die Franken» beginnt und endet in jedem Buch mit einem anderen Zeitpunkt. Hier soll die Geschichte der Franken mit jenem Moment der Geschichte im römischen Imperium beginnen, in dem ein kollektiver historischer Akteur wichtig wird, den man «die Franken» nennen kann – einem Moment, in dem nördlich der Alpen «römische Gesellschaft» in «fränkische Gesellschaft» überzugehen beginnt. Es geht also nicht um die ersten Belege des Namens «Franken» bei römischen Schriftstellern, auch nicht um Momente etwa im 4. Jahrhundert, in denen ein Franke namens Bonitus oder ein anderer namens Silvanus – beide mit perfekten römischen Namen – in hohen römischen Ämtern auftauchen – der eine als Führer der VII. Legion unter Konstantin I., der andere als Kommandeur der Infanterie in Gallien. Solche Beispiele sind eher für die Feststellung zu verwerten, dass in der multiethnischen römischen Gesellschaft bisweilen auch gut angepasste und ausgebildete Migranten ganz nach oben gelangen konnten. Der Strukturbruch wird erst sichtbar als Folge einer sehr umfassenden Reform des römischen Militärs, die wir zu Beginn des 5. Jahrhunderts beobachten können.

Umbau der römischen Militärorganisation nach 400. Zu einem relevanten historischen Akteur wurden die Franken genau wie viele andere im Imperium angesiedelte Teile der Migrationsbevölkerung durch einen fundamentalen Umbau der römischen Militärorganisation. Der straff hierarchisch organisierte römische Militärapparat mit seinen Legionen und Reitereien, der bis heute Inbegriff des römischen Imperiums und seiner Überlegenheit ist, verschwindet in der ersten Hälfte des 5. Jahrhunderts aus den Schriftzeugnissen – im griechischen Osten des Imperiums genau wie im lateinischen Westen. Die Militärverfassung wurde vollständig umgebaut. Sie beruhte fortan auf Söldnern und sogenannten Foederaten, rekrutierte ihre Kampfverbände aus der Migrationsbevölkerung, die seit dem 3. Jahrhundert mal mehr, mal weniger gewaltsam die ohnehin traditionell multiethnische römische Gesellschaft noch vielfältiger gemacht hatte. Die neuen Truppen waren aus vielen, meist germanische Sprachen sprechenden Einwanderern (Franken, Goten, Vandalen usw.) zusammengesetzt. In England, Spanien und Afrika ist dieser Umbau der römischen Kriegsorganisation recht genau datierbar, da der Abzug der letzten ‹alten› Truppeneinheiten bezeugt ist. Man verlegte die Legionen aus dem Westen in Krisengebiete und sandte sie – anders als früher – nicht mehr zurück. In Gallien – dem Aktionsfeld der «Franken» – bleibt das genaue Datum zwar im Dunkeln, der Prozess ist aber ebenso deutlich.

Ein sinnvolles Ende. Bei der Suche nach einer sinnvollen zeitlichen Begrenzung für meinen Blick auf «die Franken» mag das Legitimationsvokabular der Herrscher helfen: Noch bis zum Ende des 10. Jahrhunderts blieben «die Franken» der zentrale Bezugspunkt königlicher Legitimation in jenem Raum, der – wie lose auch immer – in Reichweite des Zugriffs zunächst der Nachfahren König Chlodwigs (heute sog. «Merowinger»), dann der Nachfahren König Pippins (heute sog. «Karolinger»), schließlich noch von deren sächsischen Nachfolgern («Ottonen») lag. Obgleich sie von Anfang an über eine sehr bunt gemischte, multiethnische Bevölkerung regiert hatten, haben alle diese Herrscher das Objekt ihres Herrschens als «Franken» bezeichnet; in ihrer Titulatur nannten sie sich «König der Franken», bisweilen mit einem Zusatz wie «König der Franken und Langobarden» oder später «König der Franken und Sachsen» – bisweilen mit weiteren Zusätzen wie «und *patricius* der Römer» oder «*imperator* der Römer». Wenn die nordalpinen Könige und Kaiser nach dem Jahr 1000 den Bezug auf die Franken aufgaben und sich nur noch «König der Römer» nannten (und damit den Weg zu jener Denkfigur wiesen, die seit dem 12. Jahrhundert «Heiliges Römisches Imperium» genannt wurde und seit dem 15. Jahrhundert bisweilen den Zusatz «deutscher Nation» erhielt), dann hat augenscheinlich das Wort «Franken» etwa seit dem Jahr 1000 seine Signalwirkung verloren, weil seine Bezugsgröße keine politische Relevanz mehr hatte.

Die Nomenklatur der Könige ist Signal für einen kulturellen Zusammenhang, dessen leitende Orientierungen (Weltdeutungen, politische Theorien und Institutionen, soziale und ökonomische Konfigurationen, aber auch Ästhetik) etwa im 6. Jahrhundert Gestalt annahmen. Sie markieren über rund vier Jahrhunderte hinweg so etwas wie eine «fränkische Kultur», «fränkische Welt» oder «fränkische Gesellschaft», ehe nach einer Phase der Neuorientierung seit dem 12. Jahrhundert in der Politik (Ausdifferenzierung des Politischen und des Kirchlichen), im Recht (erneuter Bezug auf das ‹klassische› Römische Recht), in der intellektuellen Kultur (höfische Kultur, Stadtkultur) und der Ökonomie (Entstehung des Lehnssystems und der Geldwirtschaft) die Koordinaten einer ganz neuen Welt zu sehen sind.

Wenn man in Deutschland über die fränkische Welt schreibt, geht es meist um «das Frankenreich»; entsprechende Werke enden dann mit den «Ottonen», also mit dem Jahr 919. Bücher über «die Franken» hingegen enden zumeist weit früher, etwa mit dem Machtantritt des ersten fränkischen Herrschers,

Chlodwig I., am Ende des 5. Jahrhunderts oder dem Ende der «Merowinger-Dynastie» Mitte des 8. Jahrhunderts. Außerhalb Deutschlands – also dort, wo «die Ottonen» (919–1002) nicht national identifikationsstiftend waren – endet *le monde franc* und *the Frankish world* («die fränkische Welt») eher mit dem Ende des 10. Jahrhunderts. *L'an mille,* das Jahr 1000, ist der symbolische Schnitt. Seit dem 11. Jahrhundert – und bis in die Moderne – sind «die Franken» nur noch eines: ein gedächtnispolitisches Ass in der Hand der politischen Akteure.

II. Koordinaten – Bedingungen – Vorgeschichten

1. Mangelgesellschaften drängen in eine bessere und sicherere Welt

Von «Völkerwanderung» zu «Migrationsbewegungen»

Schluss mit den Völkerwanderungskarten! Auf der Suche nach dem Stichwort «Franken» landet man in Handbüchern der ersten 50 Nachkriegsjahre in Kapiteln über die «Völkerwanderung» der «Germanen». Damit sind die großen Migrationsbewegungen des 3. bis 6. Jahrhunderts in das Gebiet des römischen Imperiums hinein gemeint. Das Bild der Franken hängt also davon ab, wie man sich diese «Völkerwanderung» vorstellt. Beide Themen – «Völkerwanderung» und «Germanen» – haben ihre Karriere in der nationalen bis nationalistischen Geschichtsschreibung vom späten 19. Jahrhundert bis zum Ende des «Dritten Reiches» gemacht und sind in den vergangenen Jahrzehnten massiv revidiert worden. Die Zeiten, in denen kaum ein Buch auf eine «Völkerwanderungskarte» verzichtete, sind vorbei. Vor rund 90 Jahren – seit den 1930er Jahren – sind diese Karten in fast allen europäischen Ländern gleichzeitig in die Geschichtsbücher und Atlanten eingerückt und haben viel Unheil in der historischen Imagination angerichtet. Denn die großen Bevölkerungsbewegungen verliefen nicht so, wie die Pfeile der Karten es suggerieren – nicht so zielgerichtet, nicht so kompakt, ja, nicht einmal so ähnlich. Mit heutigen Migrationsproblemen im Kopf sieht die Geschichtswissenschaft auch die früheren Migrationen in neuem Licht. Wie heute, so gab es auch seinerzeit sehr viele Gründe und sehr verschiedene Arten der Migration: dauerhafte Armutsmigrationen, Massenfluchten vor aggressiven Nachbarn, Plünderungsmigrationen ohne Besiedelungseffekte, militärische Anheuerung, Zwangsumsiedlung nach einer Niederlage gegen die römische Armee, nomadische Wanderung, Expertenmigration oder Migration infolge von Sklavenhandel, um nur die augenfälligsten zu nennen. Hier migrierten Individuen oder Familien, dort große, gut organisierte Gruppen von Kriegern samt Frauen, Kindern und Nichtkriegern ins Imperium (im 5. Jahrhundert etwa unter Führung der Goten Theoderich oder Alarich). Hier migrierte man kollektiv stoßartig und dort schleichend, gewissermaßen einsickernd über einen langen Zeitraum. Die einen (Goten, Vandalen) wanderten über weite Distanzen, die anderen (Franken) offenbar nur auf die andere Seite der – nicht überall scharf markierten – Grenze. So führte die Einwanderung fränkischer Bauern und Krieger in die nördlichen Randzonen des Imperiums zu völlig anderen Besiedelungssituationen und zu völlig anderen Beziehungen zwischen Zuwanderern und Einheimischen als die Vorstöße der Goten, Burgunder oder Vandalen tief ins Innere des Imperiums. Gerade diese Verschiedenheit muss man in den Blick nehmen, um zu verstehen, was den fränkischen Königen half, sich durchzusetzen und zu überdauern – ihnen gewissermaßen einen historischen Selektionsvorteil verschaffte (S. 28).

Mangelgesellschaften jenseits des Limes. Das expansive römische Imperium hat einen Großteil der Migrationen selbst ausgelöst. Denn Imperien wie das römische waren (wie wir Herfried Münklers Buch *Imperien* entnehmen können) nicht nur Unterdrückungssysteme. Sie schafften zugleich Frieden und Sicherheit in sehr großen Regionen, die sich durch bessere Entwicklungs- und Wohlstandschancen von ihrer Umgebung abhoben. Dies gilt auch für das römische Imperium der alten Welt. Sein Glanz und seine im Westen bis weit ins nicht-römische Gebiet ausstrahlende Aura und Interventionsfähigkeit, seine im Vergleich mit den nördlichen Nachbarregionen unerreichbar überlegenen Kulturleistungen und Repräsentationsformen zogen Mengen von Menschen aus den Nachbarregionen an. Nur an der Ostgrenze des Imperiums stand den Römern mit den Persern eine vergleichbare kulturelle Alternative gegenüber. Alle anderen Gesellschaften in Reichweite dieser imperialen Aura waren durchweg *Mangelgesellschaften*. So drängten sie hin zu dieser viel reicheren, sichereren und unvergleichbar größeren Kultur.

Expertenmigration. Aus heutigen Gesellschaften sind wir gewohnt, dass nicht zuletzt Experten migrieren – Personen mit seltenen und gesuchten Kompetenzen. Auch in dieser Form muss die Migration in der fränkischen Welt gedacht werden. Für die frühen Jahrhunderte sind die einfachsten Beispiele fränkische Kriegsexperten, die ins Imperium migrierten. So finden wir Ende des 4. Jahrhunderts fünf Franken als Oberbefehlshaber (*magister militum*) im römischen Militär – Charietto, Merobaudes, Richomeres, Bauto und der historisch besonders interessante Arbogast (S. 33). Am Hof Karls des Großen erlangten solche Migranten besonders große Bedeutung und waren hochwillkommen; sie waren aus ihren Heimatregionen nach Aachen übergesiedelt – so etwa der Angelsachse Ealhwine (der lateinisch zu Alcuin wurde), der Ire Dungal oder der Westgote Theodulf (S. 112).

Kurzum, in der aktuellen Geschichtswissenschaft ist kaum noch etwas übrig geblieben von jener Geschichte, die bis vor kurzem mit Hilfe von «Völkerwanderungskarten» erzählt wurde, schon gar nichts von der früher erzählten Geschichte eines zunehmend marode und wehrlos werdenden Imperiums, das von brandschatzenden und plündernden Horden (obgleich es solche zweifellos auch gab) überrannt wurde. Mit dem Wissen über heutige Migrationsprobleme – von gewaltsamen Vertreibungen über politische Fluchtbewegungen bis hin zu Armuts- und Wirtschaftsmigrationen, von kleinen Bevölkerungsverschiebungen etwa zwischen Stadt und Land bis hin zur allgegenwärtigen Expertenmigration – kommt man auch den Phänomenen vor anderthalb Jahrtausenden näher.

Römische Identität verschwindet von den Leibern der Romanen

Wenn Eingewanderte sich eingliedern wollen, gehören Anpassung von Namen, Sprache und Kleidung zu den einfacheren Mitteln der Assimilation. Belege für Franken mit römischen Namen wie die erwähnten Bonitus oder Silvanus (S. 14 f.) sind zwar dünn gesät, aber vorhanden. Die Sprache der Leitkultur zu verstehen, also Latein, war für integrationswillige Eingewanderte unumgänglich, denn Latein war die Befehlssprache des Militärs, ihres größten Arbeitgebers.

Aber diese Art interkultureller Aneignung war alles andere als einseitig. Auch die romanische Bevölkerung, die in der *Gallia* oder der *Germania* täglich mit den fränkischen Eingewanderten zu tun hatte (oder in Italien mit den gotischen, im Rhônebecken mit den burgundischen usw.), eignete sich von den Zugereisten mehr an, als der Kaiserhof akzeptabel fand. Der «barbarische Stil» (*habitus barbarus*), wie die Zeitgenossen ihn bisweilen nannten, war anscheinend weit verbreitet auch unter Romanen – im gallischen Siedlungsraum der Franken nicht anders als im nordafrikanischen Einwanderungsraum der Vandalen, aber selbst in der alten Metropole Rom.

Der «barbarische Stil» war eine Art mediterrane Tracht geworden, die nicht über ethnische Herkunft, sondern über die Veränderung der Eliten etwas aussagte, über die zunehmende Macht von – oft zugereisten – Aufsteigern. Die neue Elite des spätrömischen Imperiums gab sich nicht mehr wie einst die Senatoren in demonstrativ ziviler Kleidung, die Grenze zur militärischen Tracht verschwamm. Gegen 400 spricht der Dichter Claudian über waffentragende Senatoren, selbst von dem Philosophen Boethius (um 480 – um 524) wird berichtet, dass er ein Schwert getragen habe. «Sichtbar wird hier», so resümiert eine bahnbrechende Studie, «ein neuer Habitus, der einerseits ganz römisch ist, andererseits aber jederzeit auch als fremd bzw. barbarisch abgetan werden kann. In ihm kommen keine germanischen Identitäten zum Ausdruck, sondern diejenige der spätantiken Militäraristokratie» (von Rummel).

Schon einige Jahrzehnte bevor man in den westlichen Provinzen das klassische System der römischen Armee aufgab zugunsten einer völlig neuen, auf die Eingewanderten zugeschnittenen Organisation (S. 15), konnte man im Militär an Kleidung und Haartracht erkennen, wie sehr die Soldaten mit Migrationshintergrund die Kultur geprägt hatten. Auf zwei heute berühmten Monumenten des Kaisers Theodosius I. (347–395) tragen die Soldaten keine spezifisch römische Kleidung und Haartracht mehr: auf der in Spanien gefundenen, runden Silberplatte eines prunkvollen Essgeschirrs (sog. *Missorium*) zum zehnten Regierungsjubiläum des Kaisers Theodosius I. (Abb. 2, mit langen Haaren) und auf dem Sockel des Obelisken in der Pferderennbahn (*Circus Maximus*) vor dem kaiserlichen Palast in Konstantinopel aus der gleichen Zeit (Abb. 3, mit langem Haar und Halsring). Hatte man ursprünglich einmal an langen Haaren «Barbaren» identifiziert, so waren lange Haare inzwischen zu einem generellen Zeichen des Militärischen geworden.

Einer unserer wichtigsten Zeugen für jenes Gallien des 5. Jahrhunderts, in dem die fränkischen Eingewanderten inmitten romanischer Einheimischer siedelten, ist der demonstrativ konservative Senator Sidonius Apollinaris. In einem Brief an seinen Freund Syagrius hat er die Kluft deutlich gemacht: «Es bestürzt mich zu sehen, mit welcher Leichtigkeit du dir die Kenntnis der germanischen Sprache angeeignet hast, [...] du, der du doch Enkel eines Konsuls bist, und das in männlicher Linie, der du also dem Samen eines Poeten entspringst.» Und weiter: «Ich will, dass du mir sagst, weshalb in deiner Brust plötzlich eine fremde Sprache wohnt.»

Sidonius nahm zwar den Einsturz eines Pfeilers der alten Welt – nämlich den der gebildeten Sprache – wahr, aber noch nicht den Einsturz eines weiteren Pfeilers: seiner mit römischem Stolz zitierten Ahnenreihe «in männlicher Linie». In der nachrömischen fränkischen Gesellschaft verwies zwar hier und dort jemand auf Vorfahren, aber dieses Interesse an Ahnen strukturierte nicht mehr, wie in der römischen Welt des Sidonius, die Gesellschaft. Die nachrömische fränkische Welt setzte – und so sollte es im Westen bis in die Moderne bleiben – den massiven Schutz des Ehepaares gegen die Dominanz des männlichen Ahnenverbandes (S. 101).

Abb. 2: Silberplatte (*Missorium*) des Kaisers Theodosius I. zum zehnjährigen Regierungsjubiläum, 74 cm Durchmesser, 4–68 mm dick, ca. 16 kg schwer, gefunden 1847 in einem vergrabenen Schatzdepot; Madrid, Antikenkabinett der Königlichen Akademie für Geschichte.

Die Silberplatte zu einem prunkvollen Tischgeschirr des Kaisers Theodosius I. ist von singulärer Qualität. Es gibt noch einige solcher Prunkplatten, alle stammen aus dem 4. Jahrhundert. Das ins Silber getriebene Bild zeigt unter anderem Soldaten, deren Kluft und Haare nicht mehr typisch für das traditionelle römische Militär waren. Die Inschrift nennt den Anlass: «Unser Herr Theodosius, immerwährender Kaiser, [hat dies geschenkt] zum höchst glückbringenden Tag des zehnten Regierungsjubiläums.»

Abb. 3: Obelisk des Kaisers Theodosius auf der mittleren Trennmauer (*Spina*) der Pferderennbahn (*Circus Maximus*) in Konstantinopel, unmittelbar an den Kaiserpalast angrenzend, wohl um 390.

In Konstantinopel war die Pferderennbahn direkt neben dem Palast, Wagenrennen gehörten zu den wichtigen politischen Ritualen. Das gegen 390 entstandene Relief unter dem viel älteren ägyptischen Obelisken zeigt Soldaten im «barbarischen Stil», im *habitus barbarus*.

Im zivilen Leben der Städte glich sich die materielle Kultur – Kleidung, Schmuck, Haartracht – der Einheimischen und der Zugewanderten zunehmend an. Die Zugewanderten trugen Dinge aus römischen Manufakturen, die Einheimischen trugen Schuhe im Stil der Franken und übernahmen das Tragen von Hosen.

Sogar in Rom – und dann wohl erst recht in anderen Städten des Imperiums – liefen Leute in Fellkleidung (*indumenta pellium*) herum. Sie trugen lange Haare (*maiores crines*), Hosen (*bracae*) und auffälliges Schuhwerk (*tzangae*), alles Dinge, die man bei den Zugereisten gesehen und von ihnen übernommen hatte. Wir wissen davon, weil die Kaiser all dies ganz plötzlich in Rom in den schlimmsten Zeiten (397, 399, 416) verboten haben. Und keineswegs war ihnen gleichgültig, was etwa Schmiede oder Mägde trugen; ausdrücklich wurde im Jahr 416 erklärt, dass die Gesetze auch für Sklaven gelten sollen.

Katalysator für diese Vermengung war das Militär. Zu Beginn des 5. Jahrhunderts konnte man im Militär die Römer nicht mehr von den anderen Bevölkerungsteilen unterscheiden. Solcherlei Beobachtungen sind nicht spezifisch für das Thema «Die Franken», denn sie betreffen auch alle anderen Einwanderungsgruppen: Alemannen, Burgunder oder Goten. Die Angleichung der materiellen Kultur ist spezifisch für die Funktionsweise der spätrömischen Gesellschaft, die Fremde nicht ausgrenzte, sondern assimilierte und aufsteigen ließ.

2. Postimperiale Räume – Wie endet das Imperium?

Wer «die Franken» darstellen will, braucht zunächst eine Deutung für die Kultur jenes Raumes, in der «die Franken» für uns überhaupt greifbar werden, also für das Gebiet des heutigen Nordfrankreich zwischen dem 4. und 6. Jahrhundert, das römische Gallien. Gerade dieser Raum hatte sich in dem Jahrhundert *vor* dem Aufstieg des ersten fränkischen Machthabers politisch fundamental verändert, und zwar unter Bedingungen, die historisch äußerst selten zu beobachten sind – den Bedingungen eines fast hundertjährigen Machtvakuums, für das sich keine starke externe Macht interessierte (S. 26).

Voraussetzungen: Imperiales und postimperiales Gallien

Bis etwa 400 war Gallien ein imperialer Raum, ein Teil des römischen Imperiums, danach ein postimperialer Raum, da die Kaiser hier ihre Imperialität nicht mehr geltend machten. In diesem postimperialen Raum hat sich nach sehr langer Zeit, fast 100 Jahre nach dem Rückzug der Kaiser, erstmals ein Franke als König etabliert. Um seine Startbedingungen zu verstehen, sei im Folgenden zunächst (Herfried Münkler folgend) knapp skizziert, was ein Imperium ausmacht. Dann werden die Funktionsweisen eines Raumes skizziert, der vom Imperium zurückgelassen worden ist, ohne dass ihn eine externe Macht erobert hat.

Asymmetrie an der Grenze. Imperien verkehren, anders als Staaten, nicht mit Gleichen. Jenseits (bei den Römern auch diesseits) der Grenzen wohnen «Barbaren», der Umgang mit ihnen ist immer asymmetrisch: Innerhalb der imperialen Grenzen sind die Guten, außerhalb die Bösen, Wilden, Treulosen. Wenn also die römischen Chronisten solche Attribute immer wieder zur Beschreibung nicht-römischer Bevölkerungen jenseits der Grenzen heranziehen, so offenbaren sie aus heutiger Sicht schlicht die Verhaltens- und Wahrnehmungsmuster einer imperialen Kultur.

Interventionszwang. Ein Imperium muss intervenieren; es kann – anders als ein Staat – nicht neutral sein. Über viele Jahrhunderte waren die Franken wie alle «barbarischen» Gesellschaften an der Grenze des Imperiums davon betroffen, dass Rom andauernd militärisch intervenierte – in Räume jenseits des eigenen Gebiets vorstieß, dort Menschen vertrieb, gefangen nahm, versklavte, zwangsweise umsiedelte, in die eigenen Grenzen aufnahm, ihnen Land zuwies, Militärdienst abforderte und Handel trieb. Der Ungehorsam Arbogasts, mit dem der ereignisgeschichtliche Teil dieses Buches beginnen wird (S. 33), markiert ungefähr den Moment, an dem diese Interventionen ein für alle Mal aufhörten.

Immigrationsdruck. Da ein Imperium wie das römische (nicht anders als heute für viele das amerikanische) aus den oben genannten Gründen für «Barbaren» attraktiv war, gab es ein

Migrationsproblem, einen ständigen Immigrationsdruck auf die Grenzen des Imperiums.

Integrationsgefälle. An den Beziehungen des peripheren Galliens zum politischen Zentrum, dem noch über viele Jahrhunderte prunkvollen Kaiserhof am Bosporus, lässt sich ein weiterer Zug von Imperien erkennen: das Integrationsgefälle vom Zentrum zum Rand. Die gallischen Eliten hatten weit weniger Chancen als etwa italische Eliten, an der Politik des Zentrums mitzuwirken. Seit etwa 400 hatten sie praktisch keine Chancen mehr, denn die Kaiser hatten Gallien verlassen und aufgehört, dort zu intervenieren. Mit anderen Worten: Die Kaiser hatten den imperialen Status aufgegeben, Gallien wurde vom imperialen zum postimperialen Raum.

Postimperialer Raum. Zurück blieb ein postimperialer Raum mit vielen Merkmalen, die wir aus modernen postimperialen Räumen kennen: Alles in diesem Raum war zunächst auf das Imperium bezogen. Denkformen, zurückgelassene Institutionen, Repräsentationstechniken, politische oder militärische Titel, politische Zeichen, Sprache und Rhetorik, Alltagskultur, Sakralkultur, Kunstproduktion – all dies blieb zunächst weitgehend unverändert. Allein eines fehlte: das Durchgreifen der Zentralmacht, also die Interventionstruppen und damit auch die politischen Interventionen vom fernen Kaiserhof. Ebenso wenig verschwanden die Gesetze und das römische Rechtssystem von heute auf morgen. Diese Präsenz der alten Institutionen und Lebensformen nach dem Rückzug der imperialen Macht war im Gallien des 5. Jahrhunderts noch stärker als nach vergleichbaren Prozessen in modernen postkolonialen Gesellschaften; denn im Gegensatz zu modernen postkolonialen Räumen gab es in Gallien kein anti-imperiales Gegenmodell, keine Aufstands- oder Emanzipationsbewegungen, die den Kaiser oder Rom hätten abschütteln wollen. Die eingewanderten Franken waren – dies sollte sich als ihr großer Vorteil erweisen – weitgehend assimiliert (S. 28). Es gab also zunächst, als um 400 die Kaiser ihre gallischen – und bald auch ihre italischen – Regierungssitze aufgaben und sich im fernen «Konstantinstadt» (*Constantinopolis*) oder «Neu Rom» (*Nea Rome*) nicht mehr für Gallien interessierten, keine einigermaßen entwickelte Alternative zur römischen Welt.

Die je unterschiedliche regionale politische Dynamik entschied nun darüber, welche Versatzstücke der alten römischen Gesellschaft wie lange aufrechterhalten wurden und was mehr oder weniger schnell verschwand. Diese regionale Dynamik war in langfristiger Perspektive für die Franken viel günstiger als für Goten, Burgunder oder Vandalen. Denn Goten (in Italien und Spanien), Burgunder (in Gallien), Vandalen (in Nordafrika) – oder später auch die Langobarden (in Italien) – waren Invasoren in den postimperialen Räumen des verschwindenden Imperiums und errichteten dort Fremdherrschaften über die römische Bevölkerung. Die fränkischen Könige hatten zwar letztlich auch einen Migrationshintergrund, waren aber in dem von ihnen regierten Bereich keine Eroberer, sondern inzwischen Einheimische.

Vor den fränkischen Königen: Gallische Aristokraten erfinden das neue politische System

Vom Kaiserhof in die Kathedrale. Die Situation Galliens im 5. Jahrhundert war eine im historischen Vergleich außerordentlich seltene und unwahrscheinliche. Sie gibt uns einen Einblick in eine Gesellschaft, deren politische Ordnung zusammengebrochen war und die über mehrere Generationen ohne äußere Störung selbst eine neue Ordnung ausprobieren konnte und musste. Kein Eroberer war in das Vakuum vorgestoßen und hatte von außen eine neue Ordnung oktroyiert. Die gallischen Magnatenfamilien – ehemals politische Mitspieler im römischen Imperium, nun haltlose Figuren in einer von den Kaisern zurückgelassenen Region – hatten mit dem römischen Kaiser und seinem Hof jene Instanzen verloren, die ihre Macht legitimiert und ihrem politischen Stil Autorität verliehen hatten.

So mussten sie sich einrichten in der neuen Situation, mussten das Auftauchen und Verschwinden immer neuer Söldnerführer politisch überleben und neue Formen politischer Organisation erproben. Als am Ende des 5. Jahrhunderts einer von ihnen, ein Aristokrat aus Reims, seine Glückwünsche an den jungen fränkischen *rex* (Anführer, König) Chlodwig schickte (S. 42), hatten sie diese Operation bereits vollzogen. In kaum drei Generationen hatten die führenden gallischen Familien den Verlust des römischen politischen Systems verkraftet: Sie hatten sich selbst als politische Leitfiguren neu entworfen und einen – wie die Zukunft zeigen sollte – unschlagbar erfolgreichen Ersatz für den Kaiserhof und die römische politische Ämterlaufbahn gefunden. Sie hatten die Kirche als neues Bezugssystem politischer Legitimation entdeckt und das zentrale kirchliche Amt in den Städten Galliens, das des Bischofs, umfunktioniert zu einem politischen Amt der Stadtregierung.

Bischöfliche Kompetenz, so verteidigte schon um die Mitte des 5. Jahrhunderts der Aristokrat Sidonius Apollinaris das neue Modell, sollte nun weniger «den Seelen vor dem himmlischen Richter» nützen – dafür gebe es ja Mönche – als eher «dem Schutz der Leiber beim weltlichen Richter». Noch um 400 wäre dies undenkbar gewesen. Seit der Jahrhundertmitte aber mussten Kandidaten für das Bischofsamt eher politische als geistliche Erfahrung vorweisen. Damit waren die wichtigsten politischen Bausteine dessen, was einmal die fränkische Welt werden sollte, schon erfunden, bevor der erste fränkische König auftrat: jene flächendeckende kirchliche Infrastruktur aus ebenso kultisch wie politisch definierten Bischofsgestalten, die fortan in Lateineuropa die politische Kultur prägen sollte. In keiner der anderen Gesellschaften rund um das Mittelmeer ist das Bischofsamt zu einer politischen Institution ausgebaut worden, in keiner anderen Region haben sich die politischen Eliten für dieses Amt interessiert, in keiner anderen Region haben die Eliten des untergehenden Systems auch die neue politische Infrastruktur konzipiert.

Die fränkischen Bewohner des nördlichen Galliens waren als kriegerisch-bäuerliche Nachbarn der Romanen Zeugen dieser Neuschöpfung. Als gegen 500 mit Chlodwig der erste von ihnen in der Rolle eines *rex* auf der großen politischen Bühne auftrat, fand er die neue politische Infrastruktur bereits vor und war mit ihr seit seinen Kindertagen vertraut. Die reichen und mächtigen Romanen klammerten sich schon längst nicht mehr an das alte politische System. Als Agenten einer neuen politischen Infrastruktur, ausgestattet mit einem neuen politischen Legitimationsrahmen, fügten sie den jungen fränkischen Politiker in ihre neue Welt ein. Der neue König und seine Nachfolger haben sich weitgehend auf das verlassen, was die politisch aktiven Romanen in den drei Generationen an neuen Strukturen geschaffen hatten.

Selektionsvorteil der Franken: Einheimische unter Einheimischen

Gute Feldherren reichen nicht aus. Weshalb hat die fränkische Gesellschaft alle anderen nachrömischen Versuche, neue politische und kulturelle Strukturen zu schaffen, überlebt? Weshalb waren sie erfolgreich, warum nicht die Goten oder Vandalen, Hunnen, Alemannen, Burgunder, Langobarden oder Awaren, und warum nicht die Angeln und Sachsen in Britannien? Hunnen und Awaren scheinen ihre Machtexpansion im Wesentlichen auf militärische, vielleicht auch – weil sie erhebliche Tribute eintrieben – auf ökonomische Potenz gegründet zu haben. Aber (um mit Michael Manns *Geschichte der Macht* zu sprechen) militärische und ökonomische Potenz reichen allenfalls für die Expansionsphase eines Machtapparates aus. Jede langfristige Konsolidierung ist auch auf ideologische und politische Macht angewiesen, also auf ein verbindendes gedankliches Orientierungssystem und auf akzeptierte Verfahren des Regierens, der Aufgabenverteilung und Entscheidungsfindung. Beides fehlte jenen beiden nur kriegerisch erfolgreichen Gesellschaften.

Derartige Defizite lassen sich im Vergleich mit den Franken allerdings nicht für die beiden zunächst am besten funktionierenden neuen Gesellschaften ausmachen – jenen unter westgotischen und ostgotischen Königen. Mögen zeitgenössische Chronisten den Untergang des westgotischen Königtums damit begründet haben, dass sie im Jahr 507 bei Poitiers gegen die Franken unter Chlodwig I. eine Schlacht verloren haben und ihr König Alarich II. dabei sein Leben ließ. Heute versteht man dies als eine seinerzeit typische Begründungslogik, die wenig zur wissenschaftlichen Erklärung beiträgt. Verlorene Schlachten und den Tod eines Königs gibt es oft, aber dadurch allein verschwindet keine Gesellschaft; und dies gilt auch für die Westgoten, zumal die siegreichen Franken sich gar nicht anschickten, ihren Machtbereich über die Pyrenäen auszudehnen.

Auch dass die ostgotische politische Kultur in Italien weit kurzlebiger war als die fränkische in Gallien, kann man weder mit kriegerischen Schwächen noch mit allzu rudimentärer ideologischer und politischer Substanz erklären. Die Kultur Oberitaliens zur Zeit des ostgotischen Königs Theoderich – eines Zeitgenossen Chlodwigs – war die glänzendste unter den poströmischen Gesellschaften. Gerettet wurde sie dadurch nicht. Warum also waren die Franken um so viel erfolgreicher?

Eingewanderte ohne eigene politische Großstruktur. Als im 4. Jahrhundert Franken in den römischen Regionen nördlich der Loire zu siedeln begannen, haben sie sich in signifikanter Weise anders organisiert als Goten, Burgunder und Vandalen in anderen Teilen des Imperiums. Während diese anderen Gruppen sich zu größeren Einheiten zusammengeschlossen hatten, mithin politische und soziale Strukturen gefestigt hatten, *bevor* sie ins Zentrum des Imperiums eindrangen, siedelten die Franken über viele Generationen im 4. und 5. Jahrhundert offenbar in Kleingruppen weitgehend assimiliert inmitten der romanischen Einwohner. Solche Kleingruppen lassen sich etwa in Städten wie Cambrai, Köln oder Tournai nachweisen. Bis zum Ende des 5. Jahrhunderts, also bis zum Auftreten Chlodwigs, hat kein Franke sich an einer überlokalen Herrschaft über Romanen und Franken versucht.

Als um das Jahr 500 ein Franke namens Chlodwig († 511), Spross einer im nördlichen Gallien mächtigen Familie, und seine Söhne innerhalb weniger Jahrzehnte eine erstaunlich stabile neue Herrschaftsform in Gallien etabliert haben, hatten sie es viel leichter als Goten, Burgunder und Vandalen. Der Aufsteiger Chlodwig war ein Kind Galliens, er war provinzialrömisch sozialisiert, und zwar in ebenjener Region, in der er später seine Herrschaft aufgebaut hat. Von der Wanderung seiner Vorfahren in die nördliche *Gallia* dürfte selbst Chlodwigs Großvater nur noch vom Hörensagen gewusst haben. Die archäologisch erschlossenen Gräberfelder legen nahe, dass es zwischen dem 4. und dem 7. Jahrhundert kaum Konflikte gegeben hat zwischen den romanischen Bewohnern der Städte und des Landes und den mitten unter ihnen wohnenden fränkischen Nachbarn mit Migrationshintergrund. Man nutzte die gleichen Gräberfelder. Die Verletzungen der Begrabenen und die Art der Grabbeigaben deuten nicht auf einen gewalttätigen Umgang miteinander hin. Selbstverständlich verstand Chlodwig Latein, so wie die Romanen in Gallien – selbst die Aristokraten – die Sprache ihrer zugereisten Nachbarn beherrschten und deren «barbarischen Stil» und Kleidungsweise in ihren eigenen Stil integriert hatten (S. 20). Selbst als Chlodwig seine Herrschaft in neue Regionen ausdehnte, verließ er den regionalen Kommunikationsraum der gallo-römischen Bevölkerung kaum.

Der Frankenkönig als Kreation der alten Elite. Chlodwig hat sich als mächtigster Mann in Gallien durchgesetzt, indem er konkurrierende Warlords aus dem Weg räumte. Seine Karriere kostete ein paar politische Spitzen aus dem militärischen Migrantenmilieu das Leben, aber die romanische Bevölkerung wurde dadurch kaum in Mitleidenschaft gezogen, im Gegenteil. Chlodwig und schon sein Vater Childerich I. († 482) haben die Interessen der Gallo-Romanen geschützt, indem sie die *Gallia* wirksam gegen Übergriffe etwa der Alemannen verteidigten. Jenseits des Militärischen basierte Chlodwigs Aufbau eines effizienten und langlebigen Machtgefüges vollständig auf der politischen Neuorientierung im Rahmen des Deutungsgebäudes «Kirche», die die alte gallo-romanische Elite im vorausgehenden Jahrhundert vollzogen hatte (S. 26 und 86).

Keine Eroberungsgesellschaft. Chlodwig installierte nicht wie der Ostgote Theoderich, der Westgote Alarich oder der Vandale Geiserich eine Fremdherrschaft. Schon dies war ein gewaltiger Vorteil bei der Durchsetzung seines Anspruchs. Der Ostgote Theoderich war – trotz aller Nähe zum Kaiserhof – Anführer einer Invasion. Er hatte seine Kindheit und Jugend als Geisel am Kaiserhof in Konstantinopel verbracht, war später mit seinen Leuten von der Grenzprovinz Pannonien aus ins Innere des Imperiums eingedrungen und hat sich erst nach langen Zügen und harten Kämpfen in den 480er Jahren in jener oberitalischen Gegend festgesetzt, in der er dann – als Eindringling mit einer

Entourage von Eindringlingen – seine Herrschaft etablierte. Auch die Burgunder hatten um 460 herum ihre Herrschaft im Rhônebecken auf einer Grundlage errichtet, die sie nicht gerade zu Sympathieträgern machte: Die reichen Romanen hatten ihnen große Teile ihres Besitzes abtreten müssen – zwei Drittel des Landes, ein Drittel der Unfreien bzw. Sklaven, die Hälfte von Haus, Garten und Feldern. Gesetzlich wurde den Burgundern untersagt, sich darüber hinaus bei ihren neuen Nachbarn zu bedienen. Die Westgoten wiederum sind nach langer Wanderung als «rebellierendes Föderatenheer» (W. Pohl) um 418 in Südgallien angesiedelt worden und haben dort – ebenfalls als Fremde – um Toulouse eine Herrschaft aufgebaut. Auch sie sind mit Land und einem festen Steueranteil ausgestattet worden. Als sie sich nach ihrer Niederlage gegen Chlodwig 507 nach Zentralspanien zurückzogen, waren sie dort wiederum Eindringlinge. Mithin waren alle Nachbarn politisch mit einer sehr viel angespannteren und fragileren Situation konfrontiert als der Franke Chlodwig, der ein Kind jener Region war, in der er zur Macht aufstieg. Der Franke Chlodwig war – dies mag sein größtes Kapital gewesen sein – ein Gallier.

Keine Desintegrationspolitik. Vandalen, West- und Ostgoten waren als Eroberer anscheinend peinlich auf Identitätswahrung bedacht und betrieben eine ausgeprägte Trennungspolitik zwischen der romanischen Bevölkerung und der eingedrungenen Kriegerbevölkerung. Der Zusammenhalt dieser neuen Eroberungsgesellschaften aus einheimischer und eingewanderter Bevölkerung war in der Hauptsache militärisch gesichert. Der Franke Chlodwig hingegen, der wie seine Leute längst integriert war, hat nie eine Trennungspolitik betrieben und konnte sich dank der generationenlangen Assimilierung auch auf kulturelle Gemeinsamkeiten verlassen.

Keine Bodenschätze, kein Korn, keine Oliven, keine Sklavenrouten. Die Regierung der römischen Kaiser funktionierte dort am besten, wo sie geerdet war durch die Hauptstadt, das neue Rom am Bosporus. Die permanenten Bestätigungsrituale und Protestmöglichkeiten der Bewohner schränkten die Kaiser zwar ein, sicherten sie aber auch. Das Aufhören des kaiserlichen Machtapparates im Westen ist auch ein Effekt der Hauptstadtferne. Dies bedeutet zugleich, dass auch die Risiken der neuen Königtümer unterschiedlich waren. Für die langfristige Etablierung von politischen Strukturen, zumal von Eroberungsgesellschaften wie jenen der Goten und Vandalen, war es nicht nützlich, dass sie andauernd mit den Interessen der Kaiser in Konstantinopel rechnen mussten. Chlodwig und seine Nachfolger hatten diese Sorge nicht. In Gallien gab es nichts, das für die Kaiser von vitalem Interesse hätte sein können – keine Oliven wie in Syrien, kein Korn wie in Afrika, keine wichtigen Durchgangsstraßen etwa für den Sklavennachschub; auch Weinberge und Bergwerke lagen anderswo. Und anders als die Ostgrenze des Imperiums, hinter der eine alternative Hochkultur Respekt einflößte, hatte Gallien nicht einmal jenseits seiner Grenzen etwas Herausforderndes zu bieten. Nichts gab es in diesem peripheren Teil der römischen Welt, das aus der Sicht des Zentrums den Aufwand eines Engagements gelohnt hätte. Wo keine Ressourcen sind, gibt es auch keine externen Interessenten.

III. Politische Ereignisse: Von Arbogast dem General zu Ludwig dem Nichtstuer

Wozu ein Kapitel über Ereignisse? Im vorigen Kapitel ging es um die Bedingungen jener epochalen Veränderungen, die zur Entstehung der fränkischen Welt führten. Im vierten Kapitel wird es um jene langfristigen Konfigurationen gehen, die diese fränkische Welt ausgemacht haben – um Verhaltens- und Denkmuster, Wissensformen, Verwandtschafts- und Geschlechterverhältnisse, um ökonomische Strukturen. Auf der einen Seite sind die historischen Ereignisse erst begreifbar vor dem Hintergrund dieser Strukturen, sie sind gewissermaßen Aktualisierungen der Strukturen. Auf der anderen Seite aber öffnen erst die Ereignisse den Blick für die Logik des weniger Systematischen. Sie sind Effekt kurzfristiger Konfigurationen, die vielleicht nur für einen

Moment möglich waren und im Nachhinein als Beginn von etwas Neuem erscheinen: etwa Effekt einer Personalentscheidung, einer Kriegshandlung, einer die Verhältnisse klärenden Gewalttat, eines Naturphänomens und so fort.

Der Blick auf Ereignisse ist zudem nötig, weil die Geschichtspolitik der modernen Gesellschaften besonders um Ereignisse organisiert ist, oft in Jubiläen (wie das 1200-jährige Jubiläum des Todes Karls des Großen im Jahr 2014). Insofern sind historische Ereignisse aus der Zeit der Franken Teil unserer eigenen politischen Kultur – Grund genug, genauer auf diese Ereignisse zu schauen. Im Folgenden geht es nicht um einen vollständigen historischen Abriss, sondern nur um einige zentrale Ereignisse, die einerseits für das Verständnis wichtig sind, andererseits bis heute das kulturelle Gedächtnis prägen und deshalb beleuchtet werden müssen, so etwa all das, was sich mit den Stichworten «Childerich-Grab», «Taufe Chlodwigs», «751», «Kaiserkrönung» oder «Zerfall der Reichseinheit» um 900 verbindet. Lange Zeitspannen – etwa von der «Taufe Chlodwigs» bis «751» – sind für das kulturelle Gedächtnis weniger markant und bleiben deshalb auch in diesem Kapitel aus der Ereignisgeschichte ausgespart.

1. Ereignisse im postimperialen Raum

Trier, 390 – Arbogast entmachtet den Kaiser

Arbogast ist der erste Franke, der sich in den heutigen Geschichtsbüchern einen Stammplatz gesichert hat. Die folgende Schlüsselszene aus seinem politischen Leben erlaubt es, anhand einer einzigen Situation zu erkennen, wie viele Institutionen sich im römischen Imperium haben ändern müssen, damit eine historische Figur wie Arbogast überhaupt möglich wurde. Wir wissen von den Ereignissen etwa des Jahres 390, weil rund 100 Jahre später (um 500) der griechische Historiker Zosimus folgende Geschichte zum Tod des Kaisers Valentinian II. (371–392) geschrieben hat:

Zosimus erzählt. *«Die Umstände, unter denen er ums Leben kam, waren folgende: Arbogast, ein Franke, war durch Kaiser*

Gratian zum Unterfeldherrn des Bauto ernannt worden, hatte aber nach Bautos Tod im Vertrauen auf seine Tatkraft die Heerführung an sich gerissen, obschon sie ihm vom Kaiser nicht übertragen worden war.» Zuerst wird also eine Usurpation berichtet, sodann die hohe Loyalität der Soldaten zu diesem Heerführer: *«Da er den ihm untergebenen Soldaten ob seiner Tapferkeit, seiner Kenntnisse im Kriegswesen und seiner Geringschätzung gegenüber allem Reichtum für diese Stellung geeignet erschien, gelangte er zu großer Macht und erfreute sich einer so bedeutenden Position, dass er sich sogar dem Kaiser gegenüber ein freies Wort erlauben konnte und alles, was ihm nicht recht und passend dünkte, zu verhindern wusste.»* Arbogast war dem Kaiser also so nahe, dass er ihn in entscheidender Weise einschränkte. Dies führte zur tödlichen Eskalation: *«Valentinianus hielt ein solches Verhalten für unerträglich und kämpfte wiederholt dagegen an, richtete indessen nichts aus; war doch Arbogast durch die Zuneigung sämtlicher Soldaten geschützt. Da nun Valentinianus die Unterordnung unter diesen seinen Feldherrn nicht mehr länger hinnehmen wollte, übergab er Arbogast, während er auf dem Kaiserthron saß und ihn herantreten sah, mit einem ganz durchdringenden, misstrauischen Blick ein Schreiben, das seine Entlassung enthielt. Der Empfänger aber las nur die Zeilen und sagte: ‹Du hast mir das Amt nicht gegeben und wirst es mir auch nicht nehmen können!› Dann zerriss er das Schriftstück, warf es auf den Boden und entfernte sich.»* Wenig später war der Kaiser tot, aus dem Weg geräumt von den Soldaten des Arbogast.

Das Ereignis. Man versteht die Bedingungen für die Erfolgsgeschichte der fränkischen Herrscher seit Chlodwig im späten 5. Jahrhundert besser, wenn man zunächst rund 100 Jahre zurückblickt auf diese empfindliche – in der Rückschau entscheidende – Niederlage des weströmischen Kaisers Valentinian II. Dieser Kaiser, der in Trier residierte, war eine ebenso kurzlebige wie machtlose politische Figur. Valentinian hatte anscheinend keine Chance, den obersten militärischen Befehlshaber am Kaiserhof (*magister militum praesentalis*) abzusetzen. Die Reaktion des Franken ist bezeichnend für die politischen Verhältnisse jener Zeit im Westen des Imperiums: «*Du hast mir das Amt nicht gegeben und wirst es mir auch nicht nehmen können!*» Der oberste General konnte das Schriftstück einfach zerreißen, der Rückhalt der Soldaten war verlässlich, der General blieb im Amt, nichts änderte sich an den Machtverhältnissen bis auf den Umstand, dass der Kaiser den Konflikt wenig später mit dem Leben zahlte. Die Konfrontation trug sich in der Kaiserresidenz Trier zu, der anschließende Kaisermord in der Residenz im südgallischen Vienne. Der letzte Kaiser auf gallischem Boden konnte nicht einmal mehr in unmittelbarer Umgebung seiner Residenzen politischen Gestaltungswillen durchsetzen. Die Zeit der Kaiser war damit in Gallien vorbei, das Ereignis markiert einen politischen Systemwechsel. Für ein Jahrhundert regierten nun Soldatenführer vom Typ des Franken Arbogast in Gallien. Wie war dies möglich?

Die strukturellen Bedingungen. Der im Ereignis des Jahres 390 aufscheinende Wechsel des politischen Systems im Westen – *von der Regierung der Kaiser zur Regierung der Generäle* – bedarf einer Erklärung. Wie konnte das berufliche Aktionszentrum eines fränkischen Generals überhaupt so nah am Kaiser sein? Noch zu Beginn des 4. Jahrhunderts hätte die überlieferte Szene nicht passieren können – ein fränkischer General hätte die meiste Zeit im Feld verbracht, nicht am Kaiserhof. Eine Verkettung vieler kaiserlicher Reformmaßnahmen des 4. Jahrhunderts in Militär und Verwaltung hatte zur Konsequenz, dass bis dahin rein militärische Anführer nun auch zu zentralen politischen Akteuren wurden und dass das politische Aktionsfeld sich nicht länger auf Rom konzentrierte, sondern dezentralisiert wurde. Einschneidende Reformmaßnahmen der Kaiser spielten ambitionierten Persönlichkeiten wie Arbogast in die Hände und machten Ereignisse wie jenes von 390 erst möglich. Die wichtigsten seien (hier folge ich dem Althistoriker Egon Flaig) kurz skizziert:

Systemschwäche Kaisererhebung. Das römische System der Kaisererhebung hatte eine institutionelle Schwäche: Es gab keine Instanz, die für alle verbindlich einen Kaiser wählen oder absetzen konnte. Kaiser wurde in den ersten drei Jahrhunderten nach Augustus (27 v. Chr.–14 n. Chr.) derjenige, der von Senat,

Volk und Heer akzeptiert wurde. Das heißt: Das Kaisertum beruhte nicht auf der *Legitimität* eines Entscheidungsvorgangs, sondern auf *Akzeptanz,* also auf «verlierbarer Zustimmung bestimmter relevanter Gruppen zur Herrschaftsbefugnis einer bestimmten Person» (Egon Flaig).

Wie beendet ein Kaiser seine Regierung? Akzeptanz ist eine sehr fragile Machtgrundlage und kann jederzeit wieder verloren gehen. Bei Akzeptanzverlust kannte das Imperium nur eine Lösung: Abdankung oder Amtsniederlegung gab es nicht, Kaiser ohne Akzeptanz wurden von einem Usurpator gestürzt und getötet. Insofern war das Schicksal Valentinians II. keine Freveltat eines fränkischen Feldherrn, sondern entsprach der Logik des römischen politischen Systems. In unstabilen Zeiten (es gab auch lange stabile Zeiten ohne Kaisermord) waren Usurpation und gewaltsamer Tod des Kaisers die normalen politischen Instrumente.

Das Zentrum verschwindet. Bis zum Beginn des 4. Jahrhunderts hatte das Imperium ein eindeutiges Zentrum: die Hauptstadt Rom. Sämtliche politischen Kämpfe orientierten sich auf Rom; Usurpatoren mussten die Hauptstadt gewinnen, in der die für den Zusammenhalt des Imperiums fundamentale soziale Gruppe der Senatoren agierte. Mit der Verdopplung oder gar Vervierfachung des Kaiseramtes seit Diocletian (284–305) und mit der Gründung von Konstantinopel als «Neu Rom» am Bosporus unter Konstantin I. (306–337) verschwand zu Beginn des 4. Jahrhunderts das Zentrum und mit ihm die Rolle des dortigen Senats. Für einen Usurpator, der irgendwo in der Provinz von seinen Truppen als Imperator ausgerufen worden war, gab es nun keinen Grund mehr, nach Rom zu ziehen und einen dort amtierenden, also konkurrierenden Kaiser umzubringen. Er konnte in den Provinzen bleiben, dort seinen Machtbereich aufbauen, vielleicht wie der Franke Arbogast den dortigen Teilkaiser umbringen.

Zur Zeit des Arbogast hatte einer dieser regionalen Usurpatoren seine kaiserliche Basis in Gallien. Es war der von den britannischen Truppen zum Westkaiser erhobene (und vom Ostkaiser Theodosius I. anerkannte) Magnus Maximus. Als er nach einigen Niederlagen gegen Theodosius hingerichtet wurde, ließ Arbogast auch dessen Sohn umbringen. Den Nachfolger setzte Kaiser Theodosius ein; es war sein politisch sehr schwacher Schwager Valentinian II., ebenjener, der wenig später an Arbogasts Macht scheiterte und dafür mit dem Leben zahlte.

Die Praetorianerpraefekten werden Zivilisten. Dass überhaupt Männer wie Arbogast – ein reiner Militärführer – so prominente *politische* Akteure wurden, bedarf ebenfalls der Erklärung. Bis zum Beginn des 4. Jahrhunderts gab es im römischen Imperium keinen rein militärischen obersten Befehlshaber, bis dahin hätten Persönlichkeiten vom Schlage Arbogasts gar nicht in höchste Hofämter aufsteigen können. Militär-, Verwaltungs- und Finanzkontrolle waren in der Hand derselben Person – des Praetorianerpraefekten; ursprünglich als Kommandeur der kaiserlichen Leibwache installiert und eigentlich mit dem Schutz des Kaisers beauftragt, saß er direkt am Kaiserhof und war zu einer ständigen Gefahr für den Kaiser geworden. Denn aus diesem Personenkreis rekrutierten sich ständig Usurpatoren; sie widersetzten sich dem Kaiser nicht einfach, sondern brachten ihn um und ließen sich selbst vom Heer zum Kaiser ausrufen. Eine Reform Kaiser Konstantins im Jahr 312 beendete diese Doppelkompetenz und machte militärische Karrieren wie jene des Arbogast, die erst jetzt bis in den kaiserlichen Palast hinein führen konnten, überhaupt möglich. Den Praetorianerpraefekten wurde einerseits die militärische Kompetenz genommen, andererseits wurden sie aufgewertet zu obersten Funktionären des Verwaltungs- und Finanzapparates. Ihre ehemaligen militärischen Kompetenzen mussten sie an einen neu geschaffenen *magister militum* (wörtlich «Soldatenführer») abtreten. Die zentralen politischen Instanzen des Westens im 5. Jahrhundert – Arbogast war der Erste – waren mithin Produkt einer Umstrukturierung der Militärorganisation durch Konstantin zu Beginn des 4. Jahrhunderts.

Regionalisierung der Militärführung. Um die Mitte des 4. Jahrhunderts hat Konstantins Sohn, Kaiser Constantius II. (317–361), das Amt des «Soldatenführers» nochmals verändert: Er hat es regionalisiert. Von nun an gab es je einen «Soldatenführer» «für Gallien», «für Italien», «für Illyrien», «für Thracien» und «für den Osten», zwei weitere «in Kaisernähe» (*praesentalis*). Dieses letzte Amt – «in Kaisernähe» – hatte der Franke Arbogast inne, als er sein Absetzungsschreiben zerriss und ignorierte. Das Amt war wie geschaffen für Soldaten mit Migrationshintergrund; nach Arbogast (388–394) finden wir im 5. Jahrhundert als *magister militum praesentalis* den Vandalen Stilicho (395–408), den Vandalen Ricimer (457–472), den Burgunder Gundobad (472–473) und Odoaker (seit 476, Herkunft unklar, später König).

Eine neue Form der Usurpation. Die Geschichte Arbogasts zeigt zudem erstmals eine neue Form der Usurpation, die das Ende des westlichen Kaisertums besiegelt, mithin den Systemwechsel markiert: Oft schon in den vorausgegangenen Jahrhunderten hatten Heeresteile ihren General zum Kaiser ausgerufen, aber noch nie vor Arbogast hatten die Soldaten einen obersten General selbst bestimmt, was man durchaus als «revolutionär» (Alexander Demandt) bezeichnen kann. Diese Erhebung war eine neue Form der Usurpation: Haben erfolgreiche Militärführer sich bis dahin zum Kaiser ausrufen lassen und den Kaisertitel usurpiert, so war es nun anscheinend attraktiver, das militärische Amt zu usurpieren.

Das Jahrhundert der Warlords. Ehe eine Figur wie Arbogast und ein Ereignis wie das von 390 möglich war, bedurfte es also erheblicher Vorarbeiten an der politischen Struktur des Imperiums. Diese Vorarbeiten betrafen insbesondere die *Systemschwäche des römischen Kaisertums* (Akzeptanzsystem statt legitime Verfahren der Erhebung und Absetzung, Usurpation als Teil des Systems), die *Reform des Generalsamtes* (vom zivilmilitärischen Praetorianerpraefekten zum rein militärischen «Soldatenführer»), die *Beseitigung eines alles zusammenhaltenden politischen Zentrums in Rom* (zwei Hauptstädte, viele Residenzen, Verdopplung oder Vervierfachung der kaiserlichen Höfe).

Man mag gerne glauben, dass Kaiser Valentinian II. diese Situation «für unerträglich hielt» und «nicht länger hinnehmen wollte». Dass er den Prozess nicht mehr stoppen und umkehren konnte, zeigt, dass ein neues politisches System entstanden war. Kaum ein Kaiser hat in der Folge noch einen Fuß auf gallischen Boden gesetzt. Fortan erlebten die Bewohner Galliens eine ganze Reihe dieser auf regionaler Ebene autonom agierenden Männer vom Typ des Arbogast, daneben eine Menge weniger mächtiger, lokal agierender, zumeist migrantischer Anführer im Norden Galliens. Alle gründeten ihre Autorität auf militärische Stärke, wie immer sie sie legitimierten: Manche wurden mit römischen Amtstiteln wie *magister militum* oder *administrator* bezeichnet, manche wurden *rex* (Anführer, König) genannt. Mit vielen dieser Machthaber unterhielten die Kaiser Beziehungen, aber keinen von ihnen hatten sie politisch in der Gewalt, und im Gegenzug konnte keiner von ihnen zur Sicherung seiner Position auf den Kaiser bauen. Aus politikwissenschaftlicher Sicht ist dieses politische System zwischen dem Auftritt Arbogasts und der Durchsetzung des fränkischen Königtums 100 Jahre später am ehesten als Warlord-System zu begreifen.

Ein Childerich taucht auf. Unter diesen Warlords erscheint um die Mitte des Jahrhunderts ein Franke namens Childerich. Was er zu Lebzeiten getrieben hat, ist kaum überliefert, aber was anlässlich seines Todes geschaffen wurde, ist bis heute spektakulär: Tournai 481.

Tournai, um 481 – Ein Herrscherbegräbnis ohne Zukunft

Um das Jahr 481 herum (die Jahreszahl 481 ist eine eingebürgerte, aber kaum belegbare Präzisierung eines Zeitpunktes zwischen 474 und den 490er Jahren) müssen die Bürger von Tournai – einer römischen Stadt am nördlichsten Rand des alten Imperiums (im heutigen Belgien) – ein spektakuläres Ereignis erlebt haben, das augenfällig darauf angelegt war, zu beeindrucken. Man trug einen lokalen Potentaten zu Grabe, einen Mächtigen aus dem fränkischen Bevölkerungsteil, einen jener militärischen Aufsteiger, deren Karriere im vorherigen Kapitel beschrieben wurde: den Franken Childerich. Der verstorbene Childerich I. war der Vater jenes Chlodwig, den fortan die Franken und bis heute die Franzosen als ihren Spitzenahn ansahen. Es muss dieser Chlodwig gewesen sein, der das Begräbnis inszeniert hat. Der Schatz des Childerich-Grabes ist heute verschwunden; da wir im Übrigen ausschließlich archäologische Funde zu diesem Ereignis besitzen, wissen wir weiter nichts von dem Begräbnis.

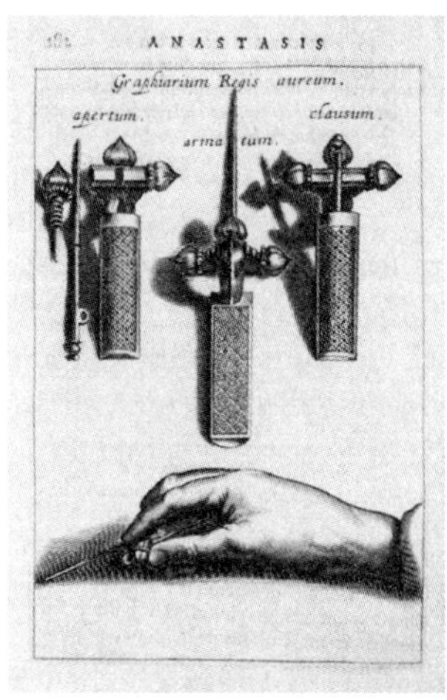

Abb. 4: Heute verlorene Funde aus dem Grab Childerichs († ca. 470–490), 1655 in Stichen publiziert von Jean-Jacques Chiflet.

Diese Seite aus Chiflets Buch über die Ausgrabung des Grabes Childerichs zeigt Zwiebelknopffibeln. Diese Fibeln waren die verbreitetste zeitgenössische Form einer Nadel, die über der Schulter das Gewand zusammenhielt, in diesem Fall den Militärmantel (*paludamentum*). Chiflet hat die gefundene Gewandnadel als Schreibgerät missdeutet und im unteren Bildteil gezeigt, wie er sich deren korrekte Verwendung vorstellt.

Was Chlodwig und die anderen Verwandten des Verstorbenen inszeniert haben, war weder für die romanischen Bürger noch für die vor Generationen zugewanderten Franken neu. Aber der Aufwand muss außergewöhnlich gewesen sein, jedenfalls nach dem, was die Erde den Archäologen preisgegeben hat (Abb. 4). Das Grab ist im Jahr 1653 gehoben worden und brachte opulente Beigaben zu Tage – darunter einen Siegelring mit Namen und Titel des Verstorbenen (*Childerici regis* – «des Königs Childerich»), ferner einige Zwiebelknopffibeln zum Befestigen des Feldherrnmantels auf der Schulter, einen Armreif (den die Forschung für ein Statuszeichen «barbarischer» Fürsten hält), Waffen (Axt, Speer usw.), Geld und noch einiges mehr. Umgeben war das Grab von drei weiteren Gräbern mit den Gebeinen von insgesamt 23 Hengsten. Der Verstorbene mitsamt den Hengsten scheint unter einem großen Hügel gelegen zu haben. Während normalerweise Romanen und Franken in derselben Nekropole begraben wurden, war das Grab Childerichs etwas abgesetzt von der Nachbarschaft, womit man dem Grabherrn wohl Exklusivität sichern wollte.

Politisches Spektakel einer postimperialen Regionalgesellschaft. Für den Franken Chlodwig wie für viele seiner wohlhabenden romanischen wie fränkischen Zeitgenossen hatte ein Begräbnis hohen politischen Wert, konnte man sich bei dieser Gelegenheit doch spektakulär in Szene setzen. Erst seit wenigen Jahrzehnten (den Spezialisten zufolge seit dem späten 4. Jahrhundert durchgängig bis etwa zum Ende des 5.) hatten in Nordgallien reiche Familien, Romanen wie Franken, damit begonnen, Begräbnisse zum Zweck der Statusrepräsentation zu nutzen, indem sie ihren Toten Symbole des Reichtums und der Autorität ins Grab gaben. Diese Praxis war gerade in jener Zeit entstanden, in der die alten Repräsentationsformen des Kaiserhofes wirkungslos wurden. Ein riesiges Grab mit wertvollsten Waffen, einer Vielzahl von Pferden, Schmuck und Statusabzeichen, viele davon aus galloromanischen Manufakturen: Für niemanden war diese gigantische Aktion der Werteversenkung nützlicher als für Chlodwig und seine Familie. Denn Gallien war eine Region, in der seit mehreren Generationen unklar war, wie politische Autorität erzeugt wurde, wie sie repräsentiert und wovon sie abgeleitet werden sollte. Während die Eliten außerhalb Galliens immer noch am Kaiserhof im Osten verkehrten, immer noch ihre familiale und ständische Identität aus den errungenen Konsulaten und anderen kaiserlichen Ämtern bezogen, hatte in Gallien niemand mehr Gelegenheit, seine Autorität mit typisch römischen politischen Formen darzustellen. In dieser Situation institutioneller Unklarheit haben potente Zeitgenossen begonnen, Begräbnisse als Akte politischer Repräsentation auszubauen, eine Praxis, die sehr bald – schon beim Tod desselben Chlodwig – dem kirchlichen Kult als einem weitaus effizienteren Medium politischer Repräsentation unterlag.

Tournai, eine römische Stadt am Nordrand. Tournai (*Tornacum*), der Schauplatz des Spektakels, war eine der nördlichsten römischen Städte des Imperiums; sie war erst in der Kaiserzeit entstanden und erst im 4. Jahrhundert, also in der Zeit der fränkischen Migrationen, groß geworden. Die Stadt war – so viel lässt sich ergraben – Verkehrsknotenpunkt, Zentrum einer *civitas* (deutsch: «Bürgerschaft»; das ist die kleinste römische regionale Verwaltungseinheit), besaß Produktionsstätten für römische Militärausrüstung, eine typisch römische quadratische Form, große innerstädtische Steinbauten, große Thermen und eine ganze Reihe römischer Nekropolen. Sie scheint überdies im 5. Jahrhundert Bistum gewesen zu sein. Kurzum, dort sah es römisch aus. Um Tournai herum, wie auch in anderen Städten Nordgalliens bis etwa zur Loire, wohnten zugezogene Franken schon seit Generationen zusammen mit der eingesessenen romanischen Bevölkerung. Chlodwig muss inmitten der oft verwüsteten, aber immer noch beeindruckenden Pracht dieser Städte, unweit seines späteren Königssitzes aufgewachsen sein, den man zu Roms Glanzzeiten *Lutetia* nannte, inzwischen aber *Parisii,* Paris.

Die Reaktion der Romanen. Chlodwig war seinerzeit, so vertritt es die Forschung mit nicht allzu belastbaren Berechnungen, noch ein Jüngling. Offenbar verstand es sich, dass er die Position seines Vaters erbte, und damit auch die Auseinandersetzungen seines Vaters mit anderen Warlords, etwa mit Syagrius. Kaum hatte er den Fuß auf die politische Bühne gesetzt, da erhielt er von einem dieser mächtigen und einflussreichen Romanen aus dem benachbarten Reims ein Glückwunschschreiben. Der Autor, Remigius, wurde später als Heiliger verehrt. Er beglückwünschte Chlodwig nicht als neuen König (oder Anführer, *rex*), sondern als neuen «Administrator der Provinz Belgica II». Chlodwig, so heißt es, setze fort, was seine «Vorfahren schon immer gewesen sind». Hier wird weniger ein Amt in der kaiserlichen Verwaltung bezeichnet (was sollte das auch für ein Amt sein, das Chlodwigs Vorfahren «immer schon» innehatten?) als eine jener Organisationsformen politischer Macht, die typisch sind für postimperiale Räume – für Räume, in denen die bisherigen politischen Institutionen zwar nicht mehr funktionieren, aber immer noch das Denken prägen. Der romanische Magnat kannte noch die Nomenklatur der verschwundenen kaiserlichen Verwaltung und nutzte sie, um die Macht des jungen Franken mit der längst irreal gewordenen Autorität eines weit entfernt an der Grenze Asiens residierenden Kaisers zu färben.

Ratschläge von der alten Elite. In dem kurzen Glückwunschschreiben brachte Remigius zwei Ratschläge unter, die auf die Fährte dessen lenken, was es hier zu erklären gilt: «Du sollst», so sein erster Rat, «deine Bischöfe hoch achten und auf ihren Rat immer Rücksicht nehmen; sobald du mit ihnen übereinstimmst, wird es deinem Land wohlergehen.» Für jeden Zeitgenossen war dies unübersehbar ein Rat in eigener Sache, denn er selbst war Bischof. Er ist ein exponiertes Beispiel für die oben bereits skizzierte neue politische Infrastruktur der zu Stadtherren umfunktionierten Bischöfe (S. 26).

Nicht weniger bezeichnend war sein zweiter Rat: «Mit dem vom Vater geerbten Reichtum befreie Gefangene und Sklaven.» Auch dies war in gewissem Sinne ein Rat in eigener Sache. Denn die romanischen Magnaten, denen der althergebrachte Vorrat kaiserzeitlicher Repräsentation entglitten war, setzten inzwischen auf die Inszenierung des kirchlichen Werteuniversums. Sie stifteten keine Zirkusspiele mehr, stattdessen organisierten sie Prozessionen, beschafften Reliquien und kauften Sklaven frei. Schon lange war in Gallien der Zirkus – diese römischste aller römischen Inszenierungen – abgeschafft, als Chlodwigs Vater in den 480er Jahren starb. Die Wagenrennen im Zirkus passten nicht mehr in den neuen Repräsentationsrahmen der gallischen Elite. Zu verbissen hatten die christlichen Prediger und Autoren der ersten vier Jahrhunderte gerade diese Praxis zum Stein des Anstoßes gemacht. Zu zerstört waren die Spuren dieser alten politischen Rituale, längst gestorben waren die letzten, die solchen Rennen noch beigewohnt hatten, zu weit weg der Kaiserhof am Bosporus, an dem gerade diese klassischen Rituale immer noch mit allem Pomp inszeniert wurden. Die Senatoren am Bosporus dachten nicht daran, sich von fanatischen christlichen Predigern die Zirkusspiele ausreden zu lassen; den politischen Akteuren Galliens blieb, auf der Suche nach einem neuen politischen System, wenig anderes übrig, als den seit Generationen insistierenden Predigern und Seelsorgern zu folgen.

Was der Romane aus Reims empfahl, passte nicht gut zu dem Spektakel, das gerade um den Tod von Chlodwigs Vater inszeniert worden war. Wenig später sollte diese Art des familialen Prestigegewinns wieder verschwinden. Offensichtlich war diese, besonders im Norden praktizierte Strategie weniger erfolgreich als die Umfunktionierung der Bischofsstühle in politische Institutionen. Denn der Griff der politisch Ambitionierten nach den Bischofsstühlen war zugleich der Griff nach einem mittlerweile gewaltigen spirituellen und theologischen Gerüst, nach überregionalen Strukturen und Kommunikationszusammenhängen, nach anerkannten, in weiten Teilen Galliens verbreiteten Formen der Kultausübung und – besonders – der Weltdeutung.

Kurzum, der romanische Briefschreiber aus der Nachbarstadt Reims riet dem jungen Franken zum Eintritt in ein politisches Sinn- und Repräsentationsuniversum, das die alte Elite gerade erst erobert hatte. Aus der Rückschau betrachtet war dieser Versuch, den jungen Mann mit fernem Migrationshintergrund auf das Zeichenuniversum der Kirche zu verpflichten, kein schlechter, denn dieses Register politischer Repräsentation sollte sich für viele Jahrhunderte als das alles beherrschende politische Zeichensystem durchsetzen.

Tours, 498, 500, 503 oder 508 – Chlodwig lädt zur Taufe

Ein erinnerungspolitisches Schlüsselereignis. Die Taufe des Frankenkönigs Chlodwig ist insofern von fundamentaler historischer Bedeutung, als sie bis ins 20. Jahrhundert ein zentraler Baustein kollektiver Vergangenheitsentwürfe geblieben ist. Sie gehörte schon bald zum festen Bestand des gebildeten Wissens von den ‹Anfängen› und ist noch in heutigen französischen und belgischen (weniger in deutschen) Schulbüchern prominent. Chlodwig ist eine Schlüsselfigur, die Taufe ein Schlüsseldatum und bildliche Darstellungen dieser Taufe sind Schlüsselmotive historischen Wissens. Die Taufe galt als eine Art Grundsteinlegung des fränkischen «Großreiches» (das man nur mit der arabisch-islamischen Expansion des 7. und 8. Jahrhunderts vergleichen muss, um seine Größe zu relativieren), des modernen Frankreich oder des «christlichen Abendlandes». Insofern ist sie als Ereignis fundamental.

Eines Wesens mit dem Vater. Lange hatte die Geschichtswissenschaft den Erfolg Chlodwigs auf seine Taufe geschoben. Denn Chlodwig hatte jene kirchliche Lehre angenommen, die die Päpste vertraten und der die romanische Aristokratie anhing;

die anderen neuen Könige hingegen hielten es mit der im Osten des Imperiums verbreiteten Lehre eines gewissen Arius († 336), den die Päpste schon seit mehr als einem Jahrhundert mit aller Kraft bekämpften. In älteren Büchern findet man stets die Vorstellung, dass die kirchlichen Differenzen zwischen «Germanen» (Anhängern des Gottesbildes im Sinne des Arius) und Romanen (Anhängern des Gottesbildes im Sinne der Päpste) so konfliktuös gewesen seien, dass sie eine langfristige Stabilisierung etwa der gotischen Herrschaften verhindert hätten.

Im Kern unterschieden sich die beiden Bekenntnisse durch ihre Auffassung vom Wesen Christi. Die Päpste beharrten darauf, dass Christus «eines Wesens mit dem Vater» sei, während Theoderich, Geiserich und die meisten anderen neuen Könige in Christus ein Geschöpf des Vaters sahen – zwar auch einen Gott, aber einen kleineren. Diese beiden Theorien vom Wesen Christi («Christologien») waren zwar dogmatisch nicht zu harmonisieren, aber im rituellen Vollzug waren sie nicht zu unterscheiden. Die Kultausübung war gleich, es gab kein rituelles Fanal, an dem man die Bekenntnisse sofort hätte erkennen können wie etwa 1000 Jahre später die Anhänger Luthers an der Kommunion in beiderlei Gestalt (also mit Brot *und* Wein). Warum sollten die politisch ambitionierten Romanen im Westen des Imperiums so versessen darauf gewesen sein, dass die neuen Könige Christus für «eines Wesens mit dem Vater» hielten? Warum sollten sie nicht ebenso leidenschaftslos gewesen sein wie ihre Standesgenossen im Osten des Imperiums? Und weshalb hat keiner der neuen Herrscher außer Chlodwig den strategischen Vorteil genutzt, den das Bekenntnis zu Christus als «eines Wesens mit dem Vater» bot?

Inzwischen weist die Forschungsliteratur bisweilen darauf hin, dass das Verständnis vom Wesen Christi wohl doch nicht so wichtig für die Weltgeschichte war. Auch die Burgunder waren, wenn auch einige ihrer Herrscher Arius Recht gaben, weitgehend Anhänger des römischen Glaubens, was sie nicht vor dem Untergang bewahrt hat. Bei den Goten sind keinerlei Konflikte mit den Romanen erkennbar, die den unterschiedlichen Bekenntnissen zuzuschreiben wären. Der westgotische, der fränkische wie der burgundische Herrscher haben im frühen 6. Jahrhundert Synoden für die katholischen Bischöfe ihres jeweiligen Herrschaftsbereichs einberufen, ohne dass aus diesen Zusammenhängen Bekenntnisprobleme überliefert wären. Anscheinend hat das Bekenntnis die Zeitgenossen unter gotischer Herrschaft nicht besonders beschäftigt.

Dennoch dürfte die Bekenntnisfrage strukturell wichtig gewesen sein. Denn auch wenn die Zeitgenossen im Italien Theoderichs sich wenig dafür interessiert haben mögen, manifestierte die Bekenntnisfrage die Trennungspolitik. Die Liturgie der Romanen und der gotischen Eroberer mag nicht unterscheidbar gewesen sein, auf jeden Fall aber traf man sich nicht in derselben Kirche. Die Franken hingegen besuchten dieselben heiligen Stätten wie die gallo-romanische Mehrheitsbevölkerung.

Wichtiger dürfte aber sein, dass zwar die Oberitaliker auf Bekenntnisfragen gelassen reagieren konnten, nicht aber die Gallier. In Italien wurde Politik noch mit römischen Konsulardiptychen repräsentiert, es gab noch einen Senat, der Kaiser blieb die zentrale Autorität; hier war das christologische Bekenntnis politisch nicht lebenswichtig. In Gallien aber war genau dies anders. Dort gab es das alte politische System nicht mehr. Das neue System hatte kaum einen anderen Argumentations- und Repräsentationsrahmen als den der Kirche; das politische Zeichensystem war (jedenfalls jenseits der Kriegerkultur, S. 93) das kirchliche Zeichensystem, der politische Argumentationsapparat war der kirchliche. In Gallien war lebenswichtig, was in Oberitalien eine Differenz unter vielen war. Die Taufe des Franken Chlodwig manifestierte seinen Eintritt in das noch junge politische Sinn- und Legitimationssystem Galliens. Unter den Augen der alten Elite des verblichenen politischen Systems unterwarf sich der junge fränkische Politiker mit der Taufe dem neuen Sinnsystem, das der alten gallischen Elite ihr Überleben sicherte.

Stumme Zeitgenossen. In krassem Gegensatz zu ihrer rückwirkend sinnstiftenden Funktion stehen die zeitgenössischen Reflexe auf die Taufe Chlodwigs. Ein einziger undatierter Brief steht zur Verfügung, eine Art Entschuldigungsschreiben eines mächtigen

Romanen aus Vienne (an der Rhône, südlich von Lyon), der offenbar zur Taufe geladen, aber nicht gekommen war. Dieser Magnat war Bewohner einer Stadt, die gar nicht im Machtbereich Chlodwigs lag, sondern in dem des burgundischen Königs. Er hatte eine zentrale Funktion in Vienne inne – er war Stadtherr, was zu jener Zeit bedeutet: Bischof. Zudem war der Stadtherr und Bischof von Vienne ein herausgehobener Bischof, denn er war Metropolit, eine Art Vorläufer des späteren Erzbischofs. Festzuhalten bleibt zunächst, dass sein Brief nichts mitteilt über Ablauf, Ort und Anlass des Geschehens.

Nichts finden wir darin von den abenteuerlichen, bis heute weitergetragenen Geschichten und Informationen, die mehrere Generationen später ein anderer Stadtherr und Bischof entworfen hat, Gregor von Tours (S. 48). Dem Brief können wir nur entnehmen, dass die Taufe zu Weihnachten stattgefunden hat, dass Chlodwig die Nachricht mit Boten verbreiten ließ («dass vor eurer Taufe zu uns eine Botschaft eurer hocherhabenen Demut kam, durch die ihr Euch als Taufkandidaten bekannt habt»), dass mancher Adressat (jedenfalls dieser eine Briefschreiber) es für nötig hielt, sich für sein Fernbleiben schriftlich zu entschuldigen, ferner dass eine «zahlreiche Schar von Bischöfen»– also im Klartext die politische Elite – anwesend war. Der Brief legt nahe, dass der König auch von Arianern umworben war, also von Anhängern des aus dem Osten importierten christlichen Bekenntnisses, dem die meisten anderen neuen Könige und ihre migrantischen Umgebungen huldigten («dass die Anhänger gewisser schismatischer Ansichten die Schärfe eures Geistes in Dunkelheit hüllten»). Zudem hat der Vertreter der alten Elite dem König sogleich ein neues politisches Konzept des Königtums angeboten, nämlich Heiligkeit: «Was auch immer bisher das Glück (*felicitas*) gewährt hat, das fügt die Heiligkeit (*sanctitas*) nun hinzu». Das politische System der folgenden rund 500 Jahre, das nicht zwischen sakralem und politischem Bereich schied (S. 81), war schon bei dieser Kontaktaufnahme im Spiel. Auch die zentrale künftige Herrschertugend – Demut (*humilitas*) – wird ihm schon als Tugend vor der Taufe nachgerühmt («die Demut, die ihr durch eure Ergebenheit gegen uns schon längst gezeigt habt»). Schließlich wird Chlodwig schon in diesem Brief in ein kirchliches (man kann auch sagen: imperiales) Missionsdenken eingebaut, wie es die spätere fränkische Politik prägen sollte: «Schämt euch nicht und zögert nicht, auch durch in dieser Angelegenheit entsandte Gesandtschaften an der Sache Gottes weiter zu bauen, der eure Sache so sehr erhöht hat. Auf dass die fremden Völker der Heiden um der Gottesverehrung willen zuerst eurem Befehl dienen wollen ...»

Es ist leicht zu erkennen, dass es bereits eine tragfähige gemeinsame Wissensbasis zwischen Schreiber und Adressat gegeben haben muss, auf der allein ein solcher Brief Wirkung entfalten konnte. Die Konversion eines Franken im römischen Gallien war wohl weniger die Kehrtwendung vom Heiden zum Christen, als eher die Formalisierung eines ohnehin ansozialisierten und mit anderen Kulten gut kombinierbaren neuen – nun christlichen – Kultes. Für eine bereits intensive Vertrautheit eines Franken wie Chlodwig mit dem «katholischen Kult» und seinem Denksystem spricht auch der einzige, undatierte Brief, der von Chlodwig (bzw. in seinem Namen) erhalten ist. Die Sprache lässt kirchliche Kultur erkennen, der kirchliche Rechtsraum wird ganz selbstverständlich respektiert, und die Selbstdefinition als Autorität und oberster Herr in der Kirche scheint eine Selbstverständlichkeit zu sein. Mehr ist nicht überliefert.

Chlodwig, eine literarische Figur. Der fränkische König Chlodwig, der sich in den Geschichtsbüchern festgesetzt hat, ist weit entfernt davon, eine historische Figur zu sein. Er ist eine literarische Figur, die ihre Existenz dem Bischof Gregor von Tours verdankt, der sie mehr als zwei Generationen nach Chlodwigs Tod entworfen hat. Der Bischof hatte in seinen *Zehn Büchern Geschichten* eine Weltgeschichte von der Schöpfung bis zum Jüngsten Gericht geschrieben. In der Form eines langen, literarisch streng durchkomponierten Gangs durch die Geschichte schrieb Gregor eine Erzählung, die letztlich eine Predigt – *praedicatio* – ist und sein sollte, und zwar über das Verhältnis von Gott, Bischöfen und Königen. In diesem großen heilsgeschichtlichen Entwurf war Chlodwigs Position im zweiten Buch (mit den Worten Martin Heinzelmanns) «nicht die des historischen

Frankenkönigs, sondern die des Vollstreckers des göttlichen Willens gegenüber den Feinden der Orthodoxie». Die Erzählung über Chlodwig, besonders die Passage über seine Taufe, diente dazu, die von den fränkischen Königen regierte Gesellschaft sakral zu begründen: Der fränkische König Chlodwig war der von Gott in der Heilsgeschichte eingesetzte Begründer der christlichen Gemeinschaft. Anhand seiner Lebensgeschichte definierte der romanische Politiker und Bischof Gregor das rechte Verhältnis zwischen Bischöfen und Königen. In dieser heilsgeschichtlichen Erzählung wurde die Taufe Chlodwigs zu einer Wiederholung der Erfahrung Konstantins: eine Schlacht, ein göttliches Zeichen, ein Versprechen, ein Sieg, das Erkennen des wahren Gottes, die Taufe – Chlodwig als neuer Konstantin. Der Chronist hat Chlodwig zuerst als echten Heiden ausgemalt, der noch *«dem alten Aussatz», «den Götzen»* anhängt, damit die Bekehrungsgeschichte – die Öffnung für *«den wahren Gott, den Schöpfer des Himmels und der Erde»* – erzählerisch funktioniert. So wird er in der Erzählung zuerst von seiner Ehefrau vorbereitet, dann vom Bischof von Reims missioniert, und zwar «im Geheimen», denn – so die bis heute wiederholte Fiktion des Autors – Chlodwigs Volk *«duldet nicht, dass ich seine Götter verlasse»*. Dann baut der Erzähler einen Eingriff Gottes ein, und schon ist das Volk *«bereit dem unsterblichen Gott zu folgen, den Remigius predigt»*. Der Literat Gregor hat aus den längst assimilierten Franken echte Barbaren gemacht, die nur kollektiv entscheiden können, so dass, wenn überhaupt, dann gleich 3000 getauft werden. Aus der Taufe des Königs wird sowohl eine Saulus-Paulus-Bekehrung *(«verehre, was du verfolgtest, verfolge, was du verehrtest»)*, als auch eine Konstantin-Geschichte *(«Er ging, ein neuer Constantin, zum Taufbad hin, sich rein zu waschen von dem alten Aussatz»)*. Als großes Finale wird noch einmal der Konflikt mit der *«Irrlehre der Arianer»* ausgereizt. Chlodwigs Schwester, dem Arianismus verfallen, *«bekannte nun, dass der Sohn und der Heilige Geist gleichen Wesens mit dem Vater sei, und wurde darauf gesalbt»*. Der Erzähler nahm weniger die historischen Ereignisse ernst, als eher die kirchlichen Regeln und die heilsgeschichtliche Passförmigkeit der

Geschichte. Chlodwigs (schon als Arianerin getaufte) Schwester wurde bei ihrer Bekehrung natürlich nicht nochmals getauft (denn Wiedertaufen wurden strikt abgelehnt), sondern nur «gesalbt».

Kurzum, der König Chlodwig in den *Zehn Büchern Geschichten* ist eine literarische Figur des späten 6. Jahrhunderts, die kaum einen Blick auf jenen historischen König Chlodwig erlaubt, dem eine vergleichsweise zügige – und aus der Rückschau erstaunlich stabile – Machtakkumulation gelungen war. Umso erstaunlicher ist, wie stark das moderne Handbuch- und Lexikonwissen auf diesem literarischen Produkt eines kreativen Bischofs fußt.

Die gebastelte Ereignisgeschichte der Lehrbücher. Die Geschichtswissenschaft hat die wenigen Hinweise aus der Zeit Chlodwigs (einen Brief aus Vienne an den König), aus der Zeit seiner Enkel (einen Brief aus Trier an seine Enkelin) und aus der Zeit frühestens seiner Urenkel (die Predigt des Bischofs von Tours in Form einer historischen Erzählung) so lange gedreht und gewendet, bis jene mehrheitsfähige kohärente Ereignisgeschichte herauskam, die in Lehrbüchern und Lexika noch bis vor kurzem wiederholt wurde. Hier eine vergleichsweise autoritative Fassung aus dem Artikel «Chlodwig I.» des wissenschaftlichen Standardwerks *Lexikon des Mittelalters* (Printversion 1983–1999, digitale Edition 2000), in dem gut zu erkennen ist, wie diese drei Texte mittels *cut and paste* zu der «eigentlichen» Geschichte zusammengebastelt wurden:

«Nach den Forschungen von Wolfram von den Steinen [von 1932] ergibt sich folgender Ablauf für den Übertritt Chlodwigs: Nach dem (*in foro interiori?*) gegebenen Gelübde der Alamannenschlacht ging Chlodwig mit der Königin zu Rate, die heimlich die Verbindung mit Remigius von Reims zum Zwecke einer ersten Glaubensbelehrung herstellte. Da der Übertritt des Königs zum Christentum die *gens Francorum* unmittelbar tangierte, holte Chlodwig (auf einem Märzfeld?) die Zustimmung seines *populus* ein (Gregor) und wurde dann von Remigius in den Katechumenenstand aufgenommen. In St-Martin von Tours (Nicetius) gab er (an einem Martinsfest des 11. Nov.?) die »Kompetenzerklärung« (Anmeldung zur Taufe) ab (Avitus, Nicetius). Die Taufe erfolgte durch Remigius v. Reims (Gregor) am folgenden Weihnachtsfest (Avitus). Zwischen Alamannenschlacht und Taufe lag so ein Zeitraum von 1–2 Jahren. Die Taufe kann

Weihnachten 497, 498 oder 499 stattgefunden haben. Die Datierung auf Weihnachten 498 hat die größte Wahrscheinlichkeit.»

Man braucht viel Fantasie, um einer solchen Geschichte «Wahrscheinlichkeit» zu bescheinigen. Anlass, Jahr, Ort, Pate, Täufer und die anderen Anwesenden sind mit Hilfe der sehr schütteren Zeugnisse nicht mehr zu ermitteln. Noch vor einigen Jahrzehnten haben die möglichen Taufdaten heftige Auseinandersetzungen ausgelöst (man muss ja irgendwann ein Jubiläum feiern – die Franzosen haben 1998 zum Jahr 498 gefeiert). Heute beschränken sich die Handbücher auf den Hinweis, dass all dies im Dunkeln liegt und letztlich irrelevant ist; nur dass irgendwann zwischen 497 und 508 eine Taufe zum «katholischen Kult» stattgefunden haben muss, ist unbestreitbar.

2. Macht und Medien in der Hand der «Karolinger»

Anfang der 750er Jahre wird die politische Geschichte der Franken für einen Moment besonders dunkel. Irgendwie, so viel ist sicher, hat zu jener Zeit die Familie, die für rund 250 Jahre das Königtum hatte monopolisieren können (die «Merowinger»), den Zugriff auf diesen Titel verloren zugunsten einer anderen, schon lange mächtigen und schon lange nach der Königsmacht strebenden Familie. Diese neue Familie, die man heute «Karolinger» nennt, hat mit der Macht auch die Medien in die Hand genommen. Die Medien, das waren zu jener Zeit Chroniken oder Briefsammlungen, Münzen, Handschriftenbebilderungen oder ein in neuer Weise sprechender Architekturstil, aber auch Markierungen der politischen Landschaft – etwa die Akzentuierung bestimmter neuer Orte zu Lasten früherer politischer Zentren. Die neuen Könige, ihre Berater und die Bearbeiter dieser damaligen Medien haben ganze Arbeit geleistet. Fast nichts haben wir zur Hand als die Geschichten dieser Sieger. Dies zeigt sich schon beim ersten möglichen Ereignis, dem Machtwechsel.

Verberie, 752 – Die Königsstürzer hinterlassen keine Spuren

«Pippin, König der Franken, illustrer Mann». Am 1. März 752 hat eine der mächtigsten Gestalten Galliens – Pippin, der Vater Karls des Großen – in Verberie, einem Ort gut drei Tagesritte nördlich von Paris, gerichtlich einen Besitzstreit zwischen dem Abt von Saint-Denis und einem Magnaten entschieden und diese Entscheidung beurkundet. In der Forschung heißt dieser Pippin «der Dritte», weil er als Dritter dieses Namens aus derselben mächtigen Magnatenfamilie («Pippiniden» nennen manche sie heute) das höchste Amt im Königsdienst innehatte – das Amt des Palastvorstehers oder, wie man seinerzeit sagte, des «Hausvorstehers» (*maior domus*). Der Ort des Geschehens, Verberie, ist heute ein vergessenes Dorf, war aber zu jener Zeit ein Residenzort, der von Pippin und später seinem Sohn Karl gerne besucht wurde.

Eine solcher Rechtsakt – der Palastvorsteher des merowingischen Königs stellt eine Urkunde aus – war an sich ein Routineakt des politischen Tagesgeschäfts und wäre in diesem Überblicksbüchlein nicht im Teil III (*Ereignisse*), sondern im Teil IV (*politische Strukturen*, S. 78) gelandet, würde die Urkunde nicht mit einer auffälligen Phrase beginnen: «Pippin, König der Franken, illustrer Mann» (*Pippinus rex Francorum vir illuster*). Und nochmals in der Schlusszeile: «Ausgestellt am 1. März im ersten Jahr unseres Königtums» (*Data kal. Marc. anno primo regni nostri*). Diese Phrase ist es, die das Treffen in Verberie aus der Rückschau zu einem historischen Meilenstein macht. Die Urkunde ist das erste Zeugnis für einen politischen Umbruch in der Geschichte der Franken – das Ende des «merowingischen» und den Beginn des «karolingischen» Königtums. Denn nur wenige Monate zuvor, am 20. Juni 751, hatte derselbe Pippin schon einmal über Besitzkonflikte des Abtes von Saint-Denis zu urteilen. Damals aber hieß er in der Urkunde noch «illustrer Mann, Pippin, Palastvorsteher» (*inluster vir Pippinus maior domus*) und agierte im Namen eines anderen Königs: «Ausgestellt am 20. Juni im neunten Jahr des Königs Childerich».

Umsturz ohne Spuren. Zwar können wir das politische Ende Childerichs III., des letzten merowingischen Königs, durch diese beiden Urkunden auf wenige Monate eingrenzen, alle anderen Spuren der Ereignisse aber sind weitgehend verschwunden. Was zwischen den beiden Urkunden passiert ist, liegt – so glatt und tatsachensicher viele heutige Erzählungen auch klingen mögen – im Dunkeln. Zwar gibt es eine Handvoll Erzählungen, diese aber entlarven sich leicht als Rechtfertigungserzählungen der neuen Machthaber, und die meisten sind weit nach dem politischen Umsturz geschrieben. Die Umstürzler und ihre Helfer haben keine Spuren hinterlassen.

Rechtfertigungserzählungen: Die Sieger schreiben Geschichte. Es gibt, wie schon in den Darstellungen der Taufe Chlodwigs und noch bei einigen anderen der folgenden Ereignisse, in der Forschung sehr verschiedene Arten, mit dem überlieferten Material umzugehen. Das Material ist sehr überschaubar und durchweg Rechtfertigungsliteratur aus dem Umfeld der mächtigsten Familie, die zwischen dem 20. Juni 751 und dem 1. März 752 das Königtum an sich gezogen hatte. Die ausführlichste Erzählung stammt aus Einhards Biographie Karls des Großen, fast 70 Jahre nach dem politischen Umsturz geschrieben und vollständig dem Lob und der Rechtfertigung der neuen Könige verpflichtet.

«Die Familie der Merowinger, aus der die Franken ihre Könige zu wählen pflegten, endete nach der gewöhnlichen Annahme mit König Childerich, der auf Befehl des römischen Papstes Stephan abgesetzt (*depositus*), geschoren und ins Kloster geschickt wurde. Aber obwohl es erst mit ihm ausgestorben zu sein scheinen könnte, so war es doch schon längst ohne alle Lebenskraft und hatte außer dem leeren Königstitel nichts Ruhmvolles an sich; denn die Macht und die Gewalt der Regierung waren in den Händen der Palastvorsteher (*palatii praefectus*), die Hausvorsteher (*maiores domus*) hießen und die die ganze Macht (*imperium*) hatten. Dem König blieb nichts übrig, als zufrieden mit dem bloßen Königsnamen, mit langem Haupthaar und ungeschorenem Bart auf dem Throne zu sitzen und den Herrscher zu spielen, die von überall her kommenden Gesandten anzuhören und ihnen bei ihrem Abgange die ihm eingelernten oder anbefohlenen Antworten wie aus eigener Machtvollkommenheit zu erteilen, da er außer dem nutzlosen Königstitel und einem unsicheren Lebensunterhalt, den ihm der Hofvorsteher (*praefectus aulae*) nach Gutdünken zumaß, nur noch ein einziges, noch dazu sehr wenig einträgliches Hofgut zu eigen besaß auf dem er ein Wohnhaus hatte und Knechte in geringer Zahl, die ihm daraus das Notwendige lieferten und ihm dienten. Überall, wohin er sich begeben musste, fuhr er auf einem Wagen, den ein Joch Ochsen zog und ein Rinderhirte nach Bauernweise lenkte. So fuhr er zum Palast (*palatium*), so zu der öffentlichen Versammlung des Volkes, die jährlich zum Nutzen des Herrschaftsbereichs (*regni*) tagte, und so kehrte er dann wieder nach Hause (*domus*) zurück. Die Verwaltung des Herrschaftsbereichs aber und alles, was im Innern oder nach außen hin zu tun und zu ordnen war, besorgte der Hofvorsteher.

Dieses Amt bekleidete zu der Zeit, da Childerich abgesetzt wurde (*deponebatur*), Pippin, der Vater König Karls, schon wie ein erbliches Recht. Denn sein Vater Karl [Martell], [...] stand mit hoher Auszeichnung dem Amt vor, das ihm sein Vater Pippin [II.] hinterlassen hatte, und das gewöhnlich von dem Volk nur solchen anvertraut wurde, die durch den Glanz der Herkunft und Größe des Besitzes die andern überragten.»

Eine weitere Erzählung ist etwa 40 Jahre nach Pippins Aneignung des Königstitels entstanden. Sie findet sich in einer dem Hof Karls des Großen sehr verbundenen, eindeutig parteiischen Chronik. Das anonym und ohne Titel überlieferte Werk wird in der internationalen Forschung *Königlich-fränkische Annalen* (französisch *Annales royales des Francs,* englisch *Royal Frankish Annals*) genannt. In Deutschland dagegen heißt der Text seit dem 19. Jahrhundert *Reichsannalen,* obgleich die Franken – nicht anders als ihre Nachfolger – zwar über Königtum nachdachten, aber nicht einen einzigen Gedanken an ein *Reich* verschwendet haben (S. 78). Der deutsche Titel geht auf einen im 19. Jahrhundert sehr einflussreichen Historiker zurück, Leopold von Ranke, der wie viele seiner Zeitgenossen ein vereintes *Deutsches Reich* herbeisehnte und ein solches, bevor es im Jahr 1871 Wirklichkeit werden sollte, schon mal in die Geschichte zurückgespiegelt hat durch seine Titelerfindung «*Reichsannalen*». In diesen königsnahen *Annalen* wird der Machtwechsel anders datiert als in Einhards Biographie und folgendermaßen erzählt:

«749. Bischof Burkhard von Würzburg und der Kaplan Folrad wurden zu Papst Zacharias gesandt, um wegen der Könige in Francien zu fragen, die damals keine Macht als Könige hatten, ob das gut sei oder nicht. Und Papst Zacharias gab Pippin den Bescheid, es sei besser, den als König zu bezeich-

nen, der die Macht habe, statt den, der ohne königliche Macht blieb. Um den *ordo* [das heißt: die göttliche Schöpfungsordnung] nicht zu stören, ließ er kraft seiner apostolischen Autorität den Pippin zum König machen.
750. Pippin wurde nach der Sitte der Franken zum König gewählt und gesalbt von der Hand des Erzbischofs Bonifatius heiligen Andenkens und von den Franken in Soissons zum König erhoben. Childerich aber, der Scheinkönig, wurde geschoren und ins Kloster geschickt.»

Zeitlich ein bisschen näher an den Ereignissen kann allenfalls jener knappe Text sein, der behauptet, nach 751 verfasst worden zu sein, von der Forschung aber *grosso modo* in die Zeit nach Pippins Tod 768, oft erst ins 9. oder gar 10. Jahrhundert datiert wird. Er findet sich in einem ebenfalls ohne Autor und Titel überlieferten Annalenwerk (mit dem Behelfstitel *Fortsetzer des Fredegar*):

«Zu dieser Zeit wurde auf Rat und mit der Zustimmung aller Franken eine Gesandtschaft an den apostolischen Sitz geschickt, und nachdem der päpstliche Wahrspruch bekannt geworden war, wurde der erlauchte Pippin, so wie es von alters her die Ordnung verlangt, durch die Wahl aller Franken gemeinsam mit der Königin Bertrada auf den Thron der Königsherrschaft gesetzt, wobei ihn die Bischöfe weihten (*consecrare*) und die Großen (*principes*) sich ihm unterwarfen.»

Kurz, keine einzige zeitnahe Äußerung ist überliefert. Und alle Texte spiegeln jenen politischen Rechtfertigungstrend am fränkischen Hof, den man «Karolingisierung der fränkischen Geschichte» (Costambeys, Innes, MacLean) genannt hat.

Heute interessiert die Forschung sich weniger für eine getreuliche Rekonstruktion der Ereignisse als eher dafür, wie das für uns verlorene Geschehen durch Erzählen überhaupt erst zu einem Ereignis geworden ist. Im Vordergrund steht dabei, dass die ausführlichsten, wahrscheinlich sogar alle Zeugnisse 40 oder deutlich mehr Jahre nach den Ereignissen entstanden sind und allenfalls etwas über Legitimationsstrategien der neuen Königsfamilie verraten, aber kaum etwas zur Rekonstruktion des Machtwechsels um das Jahr 751 herum beitragen. Denn – um einige Stimmen zu zitieren – Ablauf und Bedingungen dieses Wechsels «übergingen die Chronisten mit Schweigen» (J. Fried), erzählten stattdessen eine Geschichte «die zu schön ist, um wahr zu sein» (J. Busch), sind für uns «vollständig unbekannt» (Costambeys, Innes, MacLean). Ein besonders wichtiges Indiz für diese neue wissenschaftliche Sicht der Ereignisse ist das vollständige Schweigen der römischen Zeugnisse. Nicht ein Wort haben die Autoren in der Umgebung der Päpste darüber verloren, dass all dies angeblich auf Anordnung eines Papstes geschehen sein soll.

Irgendwie – eine präzisere Formulierung lassen die erhaltenen Texte nicht zu – hat der mächtigste Amtsinhaber am Hof sich zwischen dem 20. Juni 751 und dem 1. März 752 des Königs entledigt und sich selbst zum König machen können. Jemand muss ihn dabei unterstützt haben. Erst als Pippin tot war, entwarf die Entourage seines Sohnes, Karls des Großen, um diesen Herrschaftswechsel eine Rechtfertigungserzählung, die bis in unsere Gegenwart – jedenfalls bis ins *Lexikon des Mittelalters* (1989, Artikel «Franken, Frankenreich») – funktioniert hat. Die Erzähler haben nicht nur den Wechsel rechtfertigt, sondern in ihren Erzählungen gleich eine ganze politische Theologie geliefert – vom König als Gesalbtem des Herrn, dessen Einsetzung wegen des göttlichen *ordo* erforderlich sei. Eine Chronik, so bleibt – wenig überraschend – zu folgern, musste nicht stimmen. Sie musste wirken, und sie musste dort, wo sie erzählt wurde, den Vorstellungen entsprechen. Noch deutlicher war diese Funktion der erzählenden Texte im Spiel, als der Papst wenige Jahre später tatsächlich involviert war.

Rom, 755 – Ein neues Arsenal diplomatischer Druckmittel

Das Jahr 755 konnte Papst Stephan II. (752–757) vergleichsweise sicher in Rom verbringen, nachdem er zuvor in eiligster Mission zur Rettung der alten Hauptstadt mitten im Winter über die Alpen gereist war und monatelang im Schutz des fränkischen Königs Pippin im Palast und Königskloster Saint-Denis bei Paris hatte verbringen müssen. Immer wieder hatte er den König und die mächtigen Männer in dessen Umgebung getroffen (754 an den Königshöfen in Ponthion und wohl auch in Quierzy, ferner in Palast und Kloster Saint-Denis) und musste sie zu einem Feldzug gegen die in beinahe ganz Italien – im

Süden ebenso wie im Norden – agierenden Langobarden bewegen, um schließlich unter Schutz und Geleit der fränkischen Krieger durch das langobardische Norditalien wieder sicher nach Rom zurückreisen zu können.

Kaum dort angekommen, begann er, den fränkischen König erneut zu bearbeiten, von nun an aber mit Briefen. Diese Briefe sind das verlässlichste Material, um eine Vorstellung von den drastischen politischen Veränderungen jener Jahre zu bekommen, denn sie sind die einzigen Dokumente aus der Zeit des Geschehens selbst. Der Papst konnte in seinen Briefen seit der Rückkehr aus Saint-Denis mit einem ganzen Arsenal von diplomatischen Techniken arbeiten, die ihm erst die Begegnungen mit König Pippin ermöglicht hatten. Er konnte nun deutlich mehr Druck aufbauen als zuvor, denn er hatte einige unbestreitbare und diplomatisch belastbare neue Tatsachen in der Hand – Dokumente im päpstlichen Archiv ebenso wie Rituale, die zwar vergangen waren, aber bald von den jeweils hofnahen Chronisten beiderseits der Alpen festgehalten werden sollten.

Ein «Schenkungsschriftstück» in der Hand des Papstes. In den Briefen des Jahres 755 bezog sich der Papst immer wieder auf ein «Schenkungsschriftstück» (*donacionis pagina*), eine «handschriftliche (oder: eigenhändige) Verpflichtung» (*chirographum*). Auf dieser Verpflichtung beharrte er ein ums andere Mal in seinen Briefen seit 755:

> «Was ihr dem heiligen Petrus durch eine Schenkung zu opfern (*offerre*) versprochen habt, müsst ihr ihm zur Besitznahme übergeben. [...] Beeilt euch ihm zu übergeben, was ihr ihm in Aussicht gestellt und durch eine Schenkung zu opfern versprochen habt, damit ihr nicht in der Ewigkeit trauern werdet und verurteilt bleibt im zukünftigen Leben.»

In immer neuen Wendungen dieser Art forderte der Papst den «äußerst starken Arm» der Frankenkönige auf, den Besitz des heiligen Petrus «wiederherzustellen» (*restituere*), damit Petrus nicht «am jüngsten Tag, wenn er diese eigenhändige Verpflichtung herzeigt, deren Erfüllung nicht finden kann». Die Rhetorik des Papstes verdeckt, was tatsächlich gespielt wurde: Obgleich der Papst immer wieder von «zurückgeben» und «wiederherstellen» sprach, ging es tatsächlich um eine für die römischen Kaiser am Bosporus empfindliche Besitz- oder Machtverschiebung und um eine päpstliche Bereicherungsaktion von geradezu historischen Dimensionen. Denn auf die Regionen, die den Papst interessierten, hatte vor der Besetzung durch die Langobarden 751 gar nicht der Papst Zugriff, sondern der römische Kaiser am Bosporus. Für eine «Wiederherstellung» hätte Pippin sie für den Kaiser, nicht für den Papst in Sicherheit bringen müssen. Bis 751 hatte der Kaiser sein Gebiet (den *Exarchat*) in Italien von einem Statthalter (dem *Exarchen*) regieren lassen, der auch Herr des Unterbezirks Rom (*ducatus Romanus*) war und als solcher auch den Papst bestätigen musste. Es ging um ein politisch wichtiges Gebiet, das sich von Ravenna an der Ostküste Italiens bis an die Westküste vor den Toren Roms erstreckte. Diese seit 755 immer wieder eingeforderte Besitzverschiebung ist nach einem zweiten Feldzug Pippins im Jahr 756 in heute nicht genau nachvollziehbarer Art umgesetzt und später durch Karl den Großen nochmals erneuert worden. Sie sei, so steht es in jedem Handbuch, die Keimzelle des «Kirchenstaates» gewesen.

Unter Eid. Der fränkische König, so schreibt ihm der Papst, solle leisten, «was durch das Band des Eides versprochen ist». Von einem Eid Pippins erzählt ansonsten nur das «Buch der Päpste», also ein papstnaher römischer Text. Die fränkischen Autoren erzählen davon zwar nichts, aber Eide gehörten durchaus zum diplomatischen Arsenal der Franken. Als *amicitia* (Freundschaft) tauchen sie bereits in Texten aus der Merowingerzeit auf, seither wurden Eide mit Blick auf Form, Gültigkeit und Einhaltung von der Kirche kontrolliert.

Eine Salbung. Immer wieder hat der Papst insistiert, die Könige seien «von Gott beschützt», und zwar «durch den Apostelfürsten Petrus, der euch zu Königen gesalbt hat». Dies verweist auf eine zu jener Zeit ebenfalls neue Inszenierung, die anscheinend in Saint-Denis stattgefunden hat – die Salbung Pippins und seiner Söhne durch den Papst. Stephan nutzte sie anschließend, um sich nicht nur als Legitimitätsstifter des kaum legitimierten Königs Pippin zu stilisieren, sondern zugleich als Garant für die Weitergabe des Königtums vom Vater auf die Söhne:

«Keiner eurer Vorfahren hat eine solche glanzvolle Gabe verdient, euch aber hat Gott vor ewiger Zeit auserwählt und vorherbestimmt.»

Solch ein Satz klingt gut in den Ohren eines Königs, dessen Höflinge vorsichtshalber alle Spuren seines Herrschaftsantritts verwischt haben (S. 52). Den hofnahen fränkischen Chronisten, deren früheste sich mehr als eine Generation später ans Werk gesetzt haben, war diese Salbung kein Wort wert, nur die römischen Chronisten und der Papst erzählen davon. Erst viel später fand ein anonymer Autor (er behauptet, schon 767 geschrieben zu haben, was aber als unwahrscheinlich gilt) aus dem Umfeld des Hofes Gefallen daran, die Legitimationsgeschichte von der Salbung aufzugreifen und noch etwas weiter zu treiben. Er fügte der Salbung noch eine Drohung des Papstes an die Adresse der Mächtigen hinzu:

«Er band alle unter Androhung von Interdikt und Exkommunikation und ordnete an, dass sie niemals wagen sollten, einen König zu wählen, der einer anderen Lende entsprossen sei als aus den Lenden jener, die der Erhöhung durch die heilige Vorsehung würdig sind und durch Vermittlung der heiligen Apostel von der Hand ihres Vikars, des heiligsten Papstes, konsekriert und bestätigt.»

Der päpstliche Versuch, unverzichtbar zu werden für die Legitimation dieser Familie, findet in diesem einen, spärlich überlieferten und kaum datierbaren (aber nach den Indizien eher späten) hofnahen Text einen fränkischen Reflex.

«Patricius der Römer». Vor seiner fluchtartigen Reise über die Alpen hatte der Papst den König mit folgender Formulierung angeredet: «Papst Stephan an seinen Sohn, König Pippin, den herausragenden Herrn (*Domino excellentissimo filio Pippino regi Stephanus papa*)». Pippin wird mit zwei gegenläufigen hierarchischen Anreden bezeichnet: von oben als Sohn und von unten als Herr. Nach der Reise erweiterte der Papst die Anrede systematisch in jedem Brief um den Gleichrangigkeit signalisierenden Titel des «Mitvaters» (*compater*) und um eine Bezeichnung, die bis dahin nur die römischen Kaiser eingesetzt hatten – *patricius*. Nun begannen die päpstlichen Briefe etwa so: «Papst Stephan an den herausragenden Herrn und Sohn,

König Pippin, unseren geistlichen Mitvater und Patricius der Römer».

Für eine kurze Zeit, bis etwa 800, haben Päpste und fränkische Könige mit dem Titel *patricius* Politik gemacht. Dieser kurzlebige Versuch wirft ein Schlaglicht auf die Suche der politischen Akteure nach Möglichkeiten zur Etablierung von Beziehungen, für die es keine Präzedenzfälle gab. Wie konnte man einen wechselseitig verpflichtenden, normativen Druck erzeugen, der auch dann noch wirkte, wenn man nicht mehr beisammensaß, sondern nur noch durch Briefkommunikation, also mit oft monatelanger Verzögerung, voneinander hören, einander nutzen und diplomatisch in die Pflicht nehmen konnte? Wie sollte man sich anreden, wie und mit welchen symbolischen Handlungen ein Bündnis schließen, was zu Pergament bringen oder manchmal auch in Stein meißeln, was an Gegenständen (oder Personen) austauschen, was versprechen (und was besser nicht)? Für all dies gab es kaum Präzedenzfälle, wohl aber ein Ideenreservoir – die Inszenierungen der römischen Kaiser am Bosporus, mit denen die Päpste seit der Institutionalisierung der Kirche diplomatische Erfahrung hatten.

Diesem Ideengeber, dem Kaiser, verdankte der Papst den Gedanken, einen Barbaren zum «Patricius der Römer» zu küren und dadurch gewissermaßen als Schutzherrn zu reklamieren. Die Kaiser hatten seit dem frühen 4. Jahrhundert einige kaisernahe Funktionsträger, im Westen etwa Heerführer, oder einen neuen König wie Chlodwig mit dem Titel *patricius* geehrt, und sie sollten diese Praxis mit der gräzisierten Variante *patrikios* noch bis ins 12. Jahrhundert fortsetzen. Im Moment der Not hat der Papst diese Nomenklatur auf die fränkischen Könige übertragen; und 20 Jahre später hat Pippins Sohn Karl sich den Titel *patricius* als Selbstbezeichnung angeeignet, nachdem er zum ersten Mal in Rom war. Erst zu Beginn des 9. Jahrhunderts, als Karl der Große sich den Titel schon zugelegt hatte, bauten ihn fränkische Annalisten auch in ihre Legitimationserzählungen ein und erzählten, Stephan habe Pippin «durch die Salbung zum König und zum Patricius der Römer ordiniert».

Mitväter: Ein altes Instrument politischer Interaktion. Am hartnäckigsten insistierte der Papst darauf, dass Papst und Kaiser «Mitväter» seien. Jenseits der Anrede, also im Fließtext der Briefe, nannte er Pippin immerhin zwölfmal «Mitvater», nur viermal hingegen «König» und nie *patricius.*

«Geistlicher Mitvater» (*compater*) oder «Mitmutter» (*commater*) wurde man, indem jemand ein Kind zum Patenkind nahm und dadurch als «geistlicher Vater» (*pater spiritualis*) des Täuflings zugleich zum «geistlichen Mitvater» (*compater spiritualis*) der leiblichen Eltern wurde. Erwachsene konnten also ein Bündnis unter Gleichen miteinander schließen, eine Mitvater- und Mitmutterschaft (*compaternitas, commaternitas*) begründen, indem einer Pate wurde, also des anderen Kind – wie man es seinerzeit ausdrückte – «aus der Taufe hob». Dieses Bündnis war in vergleichsweise großer Zahl verfügbar, da es neben der Taufpatenschaft auch noch die Firmpatenschaft gab. Die Chronisten beider Seiten verschwenden kein einziges Wort an diese Patenschaft des Papstes für Söhne Pippins. Sie muss irgendwann im Jahr 754 vollzogen worden sein, und es muss eine Firmpatenschaft gewesen sein, denn für eine Taufe waren die Söhne bereits zu alt.

Politische Patenschaften gehörten schon seit rund zwei Jahrhunderten zu den diplomatischen Routinetechniken der fränkischen Herrscher. Die fränkischen Könige des 6. Jahrhunderts haben sie immer wieder eingesetzt, um mit den mächtigen städtischen Aristokraten auf den Bischofssitzen politische Beziehungen zu formalisieren. Und Papst Gregor II., ein Vorgänger Stephans, hatte den fernen römischen Kaiser in Konstantinopel mit der Ankündigung herausgefordert, er werde auf Reisen gehen, weil Könige «aus dem Inneren des Westens» ihn unbedingt als Paten wünschten. Genau in dieser Art, als imperialer Taufpatron, hatte der Kaiser eine Vielzahl kleiner Nachbarkönige gebunden. Hier bewegten sich die Franken und die Päpste also auf einem lange gewohnten, vielfach bespielten politischen Terrain.

Die Wichtigkeit gerade dieser Bündnisse zeigt sich beim Tod Papst Stephans II. Der Tod war natürlich auch das Ende der

Patenschaftsbündnisse. Sein Nachfolger Paul I. (757–767) redete den König zunächst nur als «herausragenden Herrn und Sohn Pippin, König der Franken und Patricius der Römer» an, sah darin aber augenscheinlich ein Problem. Jedenfalls ist sehr schnell eine Ersatzlösung geschaffen worden, die sich nicht gerade anbot. Schon bald bekundete der neue Papst in einem Brief an den fränkischen König

> «doppelte Freude, dass wir im Band des geistlichen Bündnisses miteinander verbunden sind, nachdem wir das erwünschte Anliegen unseres Herzens erlangt haben».

Das Anliegen seines Herzens war die Erneuerung der geistlichen Verwandtschaft, und dafür hat man eigens eine Art Fernpatenschaft erdacht: Ein Gesandter des Königs hatte dem Papst das Tauftuch einer Tochter Pippins überbracht; der Papst hatte das Tuch in der Messe feierlich in Empfang genommen und diesen Akt dann zum ausreichenden Ersatz für die lange Reise über die Alpen erklärt:

> «Wir freuen uns, dass wir sie [die Tochter] durch ebendieses überbrachte Tauftuch so gut, als wären wir selbst anwesend gewesen (*tamquam praesentialiter*), [als Patentochter aus der Taufe] gehoben haben.»

Fortan konnte der Papst wieder das geistliche paritätische Bündnis beschwören: «Papst Paul an den vorzüglichen Herrn und Sohn und unseren geistlichen Mitvater, Pippin, den König der Franken und Patricius der Römer». Noch über Jahrhunderte blieb die Patenschaft ein Standardinstrument der Politik. Zum Jahr 781 etwa berichten die *Königlich-fränkischen Annalen* über Karl den Großen:

> «Am Ende der Reise feierte er in Rom Ostern. Und dort wurde Pippin, der Sohn des genannten großen Königs Karl, getauft von Papst Hadrian, der ihn auch selbst [als Patensohn] aus der Taufe hob. Und zwei Söhne des genannten Königs [Karl] wurden zu Königen gesalbt von dem genannten Papst, nämlich die Könige Pippin und Ludwig. [...] In der Stadt Mailand, wohin sich Karl von Rom aus begeben hatte, taufte Thomas, der Erzbischof dieser Stadt, seine Tochter, die Herrin Gisla und hob sie selbst [als Patentochter] aus der Taufe. Hierauf kehrte er in die *Francia* zurück.»

Für wenige Jahre war Karl der Große in den frühen 770er Jahren mit einer langobardischen Königstochter verbunden. Alarmiert wandte der Papst sich an Karls Bruder Karlmann, ersuchte um ein Bündnis und setzte dabei wiederum auf eine Taufe: Er bot an, Karlmanns eben geborenen Sohn «auf den eigenen Armen [d.h. als Pate] aus dem heiligen Taufbrunnen zu heben oder auch ihn mit dem verehrungswürdigen Chrisma zu salben». Patenschaft und Salbung – dies waren wesentliche, sorgsam gepflegte «Waffen» im diplomatischen Arsenal der Beziehungen zwischen Päpsten und Königen.

Immobilien und Gebete erhalten die Freundschaft. Im Jahr 757 hat der Papst das Bündnis durch weitere Techniken gestärkt. Er hat seinen neuen Verbündeten urkundlich Immobilien geschenkt. Dem Abt des fränkischen Königsklosters Saint-Denis – es war zugleich Kloster und Königspalast – schenkte er «ein Haus (*domus*) bei dem Kloster des heiligen Martin», ferner «ein *hospitale* bei der Basilika Sankt Peter, neben dem Grab des heiligen Papstes Leo». Mit *hospitale* dürfte in diesem Kontext eine Herberge gemeint sein. Gegen Ende des Jahrhunderts hatten die fränkischen Gesandten in der *Schola Francorum* bei Sankt Peter eine feste Adresse, die ihnen ein Hospiz, eine Kirche und einen Friedhof geboten haben dürfte. Darüber hinaus hat der Papst immer wieder jenen Dienst versprochen, für den er unter den Lebenden der Mächtigste war – das Gebet.

Politik als Gottesdienst. Die Ereignisse und Briefe der Jahre 753 bis etwa 757 erhellen schlaglichtartig, wie sich aus der Welt des römischen Imperiums die fränkische Welt herausgebildet hat, wie und durch welche Denkweise kirchliche Institutionen die Deutungshoheit im politischen Feld gewonnen haben. Es waren eher die Päpste, die in einer Zeit improvisierter neuer diplomatischer Formen einen reichen Vorrat bewährter Mittel einbringen konnten – die Einsetzung eines Königs durch Gott selbst (im Akt der Salbung), die geistliche Verwandtschaft, den *patricius,* die Auserwählung durch Vorsehung, den ewigen Richter und das Seelenheil des Königs, die Sprache der Liturgie als politische Sprache, schließlich Landübertragung als liturgisches Opfer – *offerre.*

Schnell machten die Päpste den jungen Königen klar, dass die Legitimierung durch Gott (das heißt: durch seine «Werkzeuge» in Rom) nicht gratis war. Gott verlangt Gegengaben, und ohne diese Gegengaben droht, wie der Papst nicht müde wurde zu wiederholen, ewige Verdammnis. Hier ist nie von einem «fränkischen Volk» die Rede oder einem Reich, zu dessen Wohl der Herrscher etwas zu tun habe, nie von Frieden, mit dem etwa Blutvergießen zu verhindern sei, nie vom Schutz etwa der bäuerlichen Ernte und der Sorge vor Nahrungsmangel oder von ähnlichen Themen, die in späteren Jahrhunderten den politischen Theoretikern in den Sinn kamen. In diesen politischen Briefen, in denen es um nichts Geringeres ging als die Loslösung der Päpste aus der mediterranen kaiserlichen Welt und ihre Hinwendung zur nordalpin-fränkischen, ging es nur um die Seele des Königs und des *populus christianus,* des «Christenvolkes», um Vertragserfüllung gegenüber Gott und Petrus, um ewige Strafe und die Gegengabe Gottes. Gottesdienst – so ist bereits hier zu erkennen und wird später noch ausführlicher zu erörtern sein (S. 86) – ist zum Denkrahmen des Politischen geworden. Theologie war die beherrschende Form politischen Denkens. Spätestens bei Pippins Sohn Karl («dem Großen») ist dies auch an den fränkischen Höfen zu beobachten.

Köln, 798 – Übergabe des Kaisertums an König Karl

Besonders wenig weiß die Geschichtswissenschaft darüber, wie es dazu kam, dass der Frankenkönig Karl sich seit dem Jahr 801 als Kaiser, als *imperator* und *augustus,* bezeichnet hat. Jedenfalls, so viel ist eindeutig, begann die kaiserliche Kanzlei im Mai des Jahres 801, auf dem Rückweg von Rom über die Alpen, den König als *imperator* zu bezeichnen: «Karl, erhabener Augustus, von Gott gekrönt, großer, Frieden bringender Imperator, das römische Imperium lenkend und durch das Erbarmen Gottes König der Franken und Langobarden» (*Carolus serenissimus augustus a Deo coronatus magnus pacificus imperator Romanum gubernans imperium qui et per misericordiam Dei rex Francorum et Longobardorum*).

Was war geschehen? Erzählungen und sonstige Hinweise

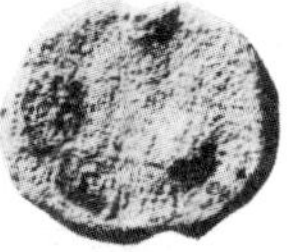

44 DISSERTATION

magne, comme le marque l'inſcription qui eſt du côté de la ville de Rome. Les curieux de nôtre hiſtoire ſeront bien aiſes d'en voir la figure.

Du côté de la tête il y a en abregé, *Dominus noſter Carolus Imperator, pius, felix, perpetuò auguſtus. Nôtre Seigneur Charles, Empereur, pieux, heureux, toujours auguſte.* Eginard dit, que les acclamations que le peuple Romain fit à Charlemagne, lorſqu'il le ſalua Empereur, étoient conçuës en ces termes. *Vie & victoire à Charles Auguſte, que Dieu a couronné, grand & pacifique Empereur des Romains.* Le même hiſtorien ajoûte, qu'aprés cela le Pape adora l'Empereur, c'eſt à dire, ſe proſterna devant luy, ainſi que ſes predeceſſeurs avoient accoûtumé de faire devant les anciens Empereurs Romains. N'étoit-ce pas reconnoître par là Charlemagne pour ſon Souverain, que de luy rendre les mêmes honneurs, que les autres Papes avoient autrefois rendus aux Empereurs, dont ils étoient les

Abb. 5: François Le Blanc, *Dissertation historique sur quelques monnoyes de Charlemagne, de Louis le Débonnaire, de Lothaire et de leurs successeurs frapées dans Rome*, S. 44; darüber die Originalbulle, Paris, Bibliothèque nationale.

Im Jahr 1689 publizierte der französische Historiker François Le Blanc ein Buch über karolingische Münzen, in dem er den Nachstich eines Bleisiegels Karls des Großen abbildete. Das Original ist heute völlig zerfressen. Die Umschrift lautet DN KAR IMP PFPP AUG (*Dominus noster Karolus imperator pius felix perpetuus augustus*), «Unser Herr Kaiser Karl, fürsorglicher glückbringender ewiger Augustus», und auf der Rückseite: ROMA – RENOVATIO ROMAN IMP (*Roma – Renovatio Romanorum imperii*) «Rom – Erneuerung des Imperiums der Römer».

widersprechen sich, sind (bisweilen erkennbar absichtlich) knapp gehalten und parteiisch, werden später umgeschrieben, verschweigen manches, zeugen von manchem vielleicht auch nicht Verstandenem oder sind erst in mehrere hundert Jahre späteren Handschriften überliefert. «Nur das Ergebnis steht fest», so mag man es mit den Worten von Steffen Patzold auf den Punkt bringen, «der Franke wurde Kaiser» (Abb. 5).

Zeitrechner erweitern die Weltgeschichte um ein politisches Datum. Erstmals eindeutig formuliert wird der Prozess des Kaiserwerdens im Jahr 798 in Köln. Die Stadt Köln genoss damals durch ihren Erzbischof Hiltibald und dank ihrer herausragenden Bibliothek besondere Königsnähe. Hiltibald gehörte zum engsten Kreis von Karls *think tank*. Der Gelehrte lebte nicht an seinem Bischofssitz, vielmehr hatte Karl ihn mit «Lizenz» des Papstes und der «Zustimmung» der Bischöfe «unablässig an seinem

Palast» in Aachen, und so wurde er «Erzbischof des heiligen Palastes» (*archiepiscopus sacri palatii*) genannt. Im Jahr 798 hatte man sich dort mit einem besonders existenziellen Thema befasst, nämlich mit der korrekten Zeitrechnung. Das Wissen um den korrekten Ostertermin, erst recht um das korrekte Datum des Weltendes waren fundamentale Orientierungspunkte politischen Handelns in einem Denkgebäude, in dem das kollektive Seelenheil oberste Aufgabe war (S. 86). In einem umfassenden Kompendium – es ist heute die berühmteste Handschrift der Kölner Dombibliothek – arbeitete man zuerst die wichtigsten alten, christlichen Weltchroniken summierend auf, ehe man sich im zweiten Teil den technischen Teilen – Mathematik, Astronomie usw. – zuwandte. Der Zündstoff steckte im finalen Satz des ersten, des erzählenden Teils. Das Nachdenken über die Weltzeitalter von der Schöpfung bis zum Endgericht kulminierte in einer mehrere Zeilen umfassenden Berechnung des damals aktuellen Datums (Abb. 6):

«Von Adam bis zur Passion Christi sind es 5228 Jahre, oder vom Anfang der Welt bis zum 31. Herrschaftsjahr König Karls, dem Jahr, in dem er aus Sachsen ein Drittel der Bevölkerung als Geiseln genommen hat und *in dem Gesandte aus Griechenland* [d. h. vom Kaiserhof in Konstantinopel] *kamen, um ihm das Imperium zu übergeben,* sind es zufolge der Wahrheit der Hebräer [d. h. des Alten Testaments], wie sie Hieronymus überliefert hat, 5998 Jahre. Nach der Septuaginta [d. h. nach der griechischen Übersetzung des Alten Testaments] sind es 6268 Jahre. Seit der Fleischwerdung des Herrn sind es 798 Jahre. Wenn es jemandem Spaß macht, dann soll er sich doch abmühen, lesen und bessere Berechnungen bieten.»

Was immer die Gesandten der römischen Kaiserin Irene vom Bosporus im Gepäck hatten, am fränkischen Hof hat man es als «Übergabe des Imperiums» deuten wollen. Dieser knappe, aber im Textzusammenhang besonders herausgehobene Satz legt nahe, dass ein Kaisertum Karls seinerzeit Thema zwischen der Kaiserin und dem Frankenkönig war. Dass man zu jener Zeit in Rom, Konstantinopel und an Karls Hof die Macht und Politik des Frankenkönigs mit der alten römischen Institution des Kaisertums erfasste, ist hin und wieder auch in anderen Zeugnissen zu erkennen. So hat Papst Hadrian im Jahr 778 dem Franken-

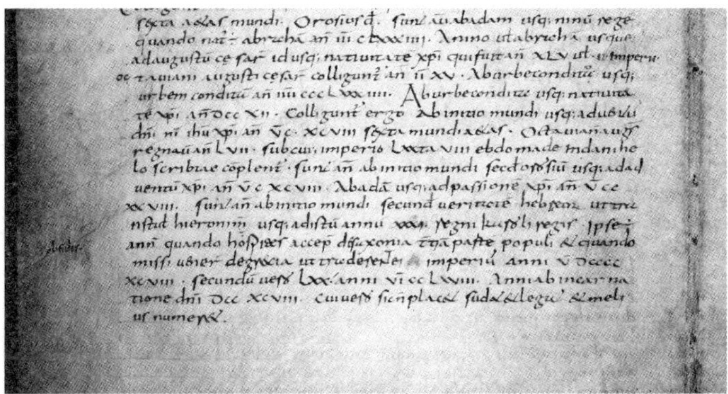

Abb. 6: Die Handschrift 83.2 der Kölner Dombibliothek (ein Kompendium der Zeitrechnung, Naturlehre und Himmelskunde), verfasst 798 und 805, hier Blatt 14 (geschrieben 798) mit der berühmten Datierungszeile zum *imperium* Karls des Großen.

Die viertletzte Zeile dieses für die königliche Politik sehr wichtigen Textes erzählt über den König Karl, dass «Gesandte aus Griechenland [d. h. vom Kaiserhof] kamen, um ihm das Imperium zu übergeben» (*missi venerunt de Grecia ut traderent ei imperium anni VDCCCC*). Die Zeilen zeigen, dass das Thema Kaisertum am fränkischen Hof auf der Agenda stand, lange bevor der Papst aus Rom über die Alpen nach Paderborn floh. Augenscheinlich bargen die letzten Zeilen dieser Seite Sprengstoff. Bald schon erzählte man eine Gegengeschichte, die sich bis heute durchgesetzt hat. Und die Erzählung dieser Handschrift räumte man regelrecht aus dem Weg mit der Behauptung, die Gesandten hätten «bloß über den Frieden verhandelt».

könig in einem Brief mit der Phrase geschmeichelt: «Siehe, ein neuer Konstantin, Gottes allerchristlichster Kaiser, ist in unseren Zeiten emporgestiegen» (*ecce novus christianissimus Dei Constantinus Imperator his temporibus surrexit*). Der König hat den Brief sorgsam aufbewahren und später abschreiben lassen. Zu Hadrians Tod 795 ließ Karl im Norden eine Grabtafel für den Verstorbenen anfertigen und nach Rom senden. Sie glich in Gestalt und Schriftstil völlig den Inschriften der alten römischen Kaiser. Der Text der Grabplatte bat die Lesenden um Gebetsgedenken ebenso für den Verstorbenen wie für den Auftraggeber des Monuments. Mit dem Nachfolger Hadrians, Papst Leo III., sprach Karl gleich in seinem Glückwunschschreiben Klartext:

«Unsere Aufgabe ist, ... eure Aufgabe ist ...». Dem Papst teilt er zu, die Arme zum Gebet zu heben und bei Gott für das «christliche Volk» zu vermitteln, alles andere, was es im Dienst der «Kirche Christi» zu tun gab, reklamierte er für sich: «nach außen mit Waffen» den Schutz gegen Heiden und Ungläubige leisten, «nach innen die Erkenntnis des christlichen Glaubens festigen». Seine Hofintellektuellen sprachen hier und da vom «imperialen Königtum» (*imperiale regnum*) oder «christlichen Imperium» (*imperium Christianum*) – und dann kamen 798 die Boten aus Konstantinopel zu Karl, «um ihm das Imperium zu übergeben». Das Verfahren der Ernennung zum *Imperator*, das die Autoren aus Karls Umgebung notiert haben, entsprach durchaus traditioneller Praxis. Kaiser wurde jener, den der Vorgänger- bzw. Seniorkaiser oder das Heer erhob. Der Patriarch (also das Äquivalent zum römischen Papst in Konstantinopel) kam erst beim Zeremoniell ins Spiel, der Papst hatte nie etwas mit der Kaisererhebung zu tun gehabt.

Kaum später aber haben andere Chronisten, auch sie aus Karls nächster Umgebung, diese Erzählung aus der Welt schaffen wollen und widersprachen dem Bericht des Jahres 798: «Diese Gesandtschaft», so hieß es nun, «verhandelte bloß über Frieden (*tantum de pace*)». Man bestritt mit dieser Formulierung ausdrücklich, dass «ihm das Imperium übergeben» worden sei. Diese Chronisten wussten anscheinend, dass das Kaisertum wenig später noch von einer anderen Instanz an Karl herangetragen worden war, und zwar vom Papst. Zum historischen Ereignis des kollektiven Gedächtnisses wurde diese Kaisererhebung durch den Papst, die zwei Jahre später in Rom stattgefunden hat und sich heute aus den extrem widersprüchlichen römischen und fränkischen Erzählungen nicht mehr rekonstruieren lässt.

Rom, Weihnachten 800. In aller Kürze mag man das, was in den Erzählungen halbwegs übereinstimmt, so zusammenfassen: Im Jahr 799 war der Papst in höchster Not vor innerstädtischen Gegnern über die Alpen zum fränkischen König geflohen. Dieser hat ihn im gerade erst eroberten Land der Sachsen empfangen, in Paderborn. Über die Verhandlungen wissen wir nicht viel; Karls für das Geschichtsbild der Nachwelt besonders einflussreicher

Biograph Einhard verschweigt die Begegnung sogar. Anderthalb Jahre später, nach langen Reisen quer durch seinen Herrschaftsbereich, traf Karl kurz vor Weihnachten in Rom ein, wo er – wie auch immer – den Titel *imperator* annahm. Er mag dabei gekrönt worden sein, doch selbst davon berichten nicht alle der gut unterrichteten Gewährsmänner. Den Autoren aus dem Umfeld Karls sollte in der Folge wichtig sein zu betonen, dass Karl in Rom lediglich einen Titel angenommen habe, ein *nomen imperatoris,* weiter nichts. Ende April des Jahres 801, nachdem er einige Monate in der Stadt regiert hatte, verließ er Rom wieder, und vier Wochen später urkundete er in Bologna erstmals als *imperator*.

Rom war seit Jahrhunderten kein politisches Zentrum mehr. Das alte Rom am Tiber war um 800 schon seit Jahrhunderten kein politisches Zentrum mehr. Zu Beginn des 5. Jahrhunderts hatten die Kaiser ihren Sitz von Rom nach Ravenna verlegt; der Senat im alten Rom, gewissermaßen das verblichene Markenzeichen des überkommenen, traditionsreichen politischen Systems, hatte zwar noch eine Weile überlebt, verschwand aber nach 585 aus den Zeugnissen. Auch die ostgotischen Könige hatten im 5. und 6. Jahrhundert ihren Regierungssitz nicht in Rom, sondern in Ravenna. Nach deren Ende haben die römischen Kaiser wiederum Ravenna als Kapitale genutzt.

In Rom waren seit etwa 600 nur noch die Päpste im ‹großen› politischen Geschäft aktiv, nämlich einerseits in Auseinandersetzungen mit dem römischen Kaiserhof am Bosporus und seinen Repräsentanten in Ravenna, andererseits nördlich der Alpen zunächst durch Missionspolitik (bei den Angeln besonders durch den Missionar Augustinus, bei den Franken besonders durch Bonifatius), seit Mitte des 8. Jahrhunderts dann durch das politische Bündnis mit den Karolingern (S. 56). Wer Papst wurde, Bischof von Rom, richtete sich nicht nach spirituellen bzw. theologischen Notwendigkeiten oder Fähigkeiten, sondern war das Resultat innerstädtisch-römischer, oft gewaltsamer Dynamik. Zugleich aber war der Amtsträger seit Jahrhunderten eine Figur mit einem weit überlokalen Anspruch in geistlichen wie in weltlichen Angelegenheiten. Im 8. Jahrhundert hatten die Päpste begonnen, eigene Münzen zu prägen, den Lateran zum

Papstpalast auszubauen und den alten kaiserlichen Palast auf dem Palatin zu demolieren. Es passt in diese Linie, dass sie sich gegen Ende dieses Jahrhunderts auch noch die Autorität des Kaisermachers aneigneten und damit einen autoritativen Akt, der bislang ebenfalls, wenn nicht dem Heer, dann dem römischen Kaiser in Konstantinopel zustand. Es gab also politisch gute Gründe dafür, der Geschichte von der «Übergabe des Kaisertums» durch Gesandte aus Konstantinopel eine starke Gegengeschichte entgegenzustellen.

Mächtiger sind die Päpste durch diesen Schritt nicht geworden. Schnell hatte der Papst im Angesicht der fränkischen Könige erfahren, dass er sich (mit Michael Borgoltes Worten) «bei allen quasiimperialen Darstellungsformen der Gewalt des Schutzherrn hatte beugen müssen».

3. Der *rex Francorum* wird Geschichte

Sang- und klanglos, ohne Widerstand, ohne Diskussionen, verschwand gegen Ende des 9. Jahrhunderts überall in der fränkischen Welt – von der Normandie bis Bayern, und von Friesland bis Marseille – das über Jahrhunderte mit Selbstverständlichkeit weitergetragene Hauptargument für die Organisation der politischen Nachfolge ins Königtum: die Legitimität der Vater-Sohn-Folge. Kaum jemand scheint sich seit den 870er Jahren gewehrt zu haben, als man sich in ganz verschiedenen Regionen des ehemaligen Machtbereichs der Karolinger anderen Optionen zuwandte, regionalen Optionen.

Über Jahrzehnte hatten die Könige sich mit sich selbst beschäftigt, gegeneinander Kriege geführt und einander Ansprüche streitig gemacht, während an allen Ecken ihres Machtbereichs Plünderer einfielen – Wikinger und Sarazenen – und die Bevölkerung mindestens in Angst und Schrecken hielten, wenn nicht in Hunger und Tod trieben. Über Generationen waren die Könige hilflos, weil sie das riesige Areal, das sie zu regieren beanspruchten, militärisch nicht in den Griff bekamen. Dies hatte nicht nur mit der andauernden Beschäftigung der Königsfamilie mit sich selbst zu tun. Die Könige verstanden auch die Organisationsstrukturen ihrer Gegner nicht. Sie hielten jeden Wikingeranführer, der mit ihnen verhandelte, für «den König» der Wikinger, obgleich deren Gesellschaft gar keine hierarchische Spitze hatte, sondern eine vorhierarchische, gewissermaßen kopflose Kultur war. Ein Friedensschluss mit dem einen Anführer band den anderen nicht, die Verhandlungen der fränkischen Könige liefen stets ins Leere.

Die Könige töten die «vermischte Volksmenge». Bezeichnend für die Situation ist eine Episode im Gebiet zwischen Seine und Loire im Jahr 859. Ganz in der Nähe, in der Bischofsstadt Troyes, hat ein sehr gut informierter Hofchronist die Ereignisse notiert. Was er in wenigen Sätzen zusammengetragen hat, kondensiert die ganze politische und ideologische Welt des karolingischen Systems und erhellt zugleich ihre Probleme schlaglichtartig. Zum Jahr 859 lesen wir zunächst, dass die Könige taten, was sie meistens taten. Sie stritten untereinander: «König Karl, der wieder Männer gesammelt hatte, griff seinen Bruder Ludwig unerwartet an und vertrieb ihn aus den Grenzen seines Machtbereiches.» An sich sollten die Könige andere Probleme gehabt haben, denn wie schon seit Jahrzehnten wurde das Land von einfallenden und wieder verschwindenden Nachbarn gequält: «Die Dänen verwüsteten das Land jenseits der Schelde.» In höchster Not griff die Bevölkerung des betroffenen Landstrichs zur Selbsthilfe: «Die vermischte Volksmenge zwischen Seine und Loire verschwor sich untereinander und leistete den Dänen, welche sich auf der Seine festgesetzt hatten, tapferen Widerstand.» Mit der «vermischten Volkmenge» meint der Chronist, dass eine «Menge» aus allen Ständen (Kleriker und Laien, Mächtige, freie Bauern und Unfreie, Männer und Frauen) sich gegenseitig einen Eid geleistet, sich also «vermischt» habe, um zu besorgen, was die Könige versäumten: Schutz gegen die Normannen zu organisieren. Die Könige aber metzelten lieber ihre eigene Bevölkerung nieder, als eine «Vermischung» zu dulden: «Da aber ihre geschworene Vereinigung unvorsichtig betrieben war, wurden sie von unseren Mächtigen ohne Mühe getötet.»

Noch schlimmer als Verwüstungen und Brandschatzungen durch die Normannen war anscheinend die Störung des gottgewollten *ordo,* der (mit Augustins Worten) «Verteilung gleicher und ungleicher Dinge, die jedem den gebührenden Platz anweist». Die gottgewollte Verteilung ungleicher Dinge durch «Vermischung» gleich zu machen, also die Hierarchie in Frage zu stellen, das haben die Könige selbst in höchster Not nicht toleriert. Aber einige Jahrzehnte später wollte anscheinend niemand mehr etwas von diesen Königen wissen. Für einige Generationen verschwand das Argument der Sohnesfolge, wenn ein König gesucht wurde.

Paris, 888 – Das Argument der Sohnesfolge verschwindet

Der Chronist Regino von Prüm liefert zum Jahr 888 eine außergewöhnlich dramatische Schilderung der politischen Lage. Mit dem Tod Karls des Dicken, eines durchsetzungsschwachen Karolingers, dem bis heute «Scheitern» nachgesagt wird, brach das bis dahin funktionierende Legitimationssystem der Herrschaftsnachfolge zusammen:

«Im Jahr der göttlichen Menschwerdung 888 verschied Kaiser Karl, der dritte dieses Namens und dieser Würde am 12. Januar. [...] Dass er gegen Ende seines Lebens seiner Würden entkleidet und aller seiner Güter beraubt wurde, war eine Versuchung, die, wie wir glauben, nicht allein zur Läuterung, sondern, was größer ist, zur Bewährung diente. [...] Nach seinem Tod lösen sich die Machtbereiche, die seinem Gebot gehorcht hatten, als ob sie eines gesetzmäßigen Erben entbehrten, aus ihrem Gefüge in Teile auf und erwarten nicht mehr ihren natürlichen Herrn. Vielmehr schickt sich ein jedes an, sich aus seinem Innersten, seinen Eingeweiden (*visceribus*) einen König zu machen. Diese Ursache rief große Kriege hervor; nicht etwa weil es den Franken an Fürsten gefehlt hätte, die durch hohe Geburt, Tapferkeit und Weisheit über Machtbereiche hätten gebieten können, sondern weil unter ihnen selbst die Gleichheit des Edelmutes, der Würde und Macht Zwietracht erwachsen ließ, da niemand die andern so sehr überstrahlte, dass die übrigen sich dazu verstanden hätten, sich seiner Herrschaft zu unterwerfen. Denn die *Francia* hätte viele Fürsten erzeugt, die das Steuerruder der Herrschaft hätten führen können, wenn das Schicksal ihnen nicht im Wetteifer der Kraft zu gegenseitigem Verderben die Waffen in die Hand gegeben hätte.»

Wie legitimiert sich ein Anwärter für das Königtum? Wer sich für die Position des Königs durchsetzen wollte und seinen Anspruch erklären musste, hatte kaum mehr als vier Varianten der Begründung zur Verfügung: erstens die Gewaltverhältnisse («Ich bin der Stärkste»), zweitens das Argument der Sohnesfolge («Ich habe das richtige Blut»), drittens ein Vertragsargument («Ich bin gewählt»), viertens höhere Gewalt, also Einsetzung durch einen Mächtigeren, etwa Gott oder den römischen Kaiser am Bosporus («Ich bin vom Kaiser bestimmt»). Weitere Möglichkeiten gab es nicht. Gegen Ende des 9. Jahrhunderts finden wir in allen Teilen der fränkischen Welt das gleiche Phänomen: Mit der zweiten Variante, dem Argument der Sohnesfolge, konnte man keine Nachfolgepolitik mehr machen. Überall setzten sich Mächtige durch, die nicht auf ihr «Blut» verweisen konnten.

Das Argument der Sohnesfolge als Normalfall. Wie radikal die Umorientierung des argumentativen Arsenals bei den Königsnachfolgen der Generation seit etwa 880 war, zeigt ein Blick zurück auf die Jahrhunderte seit Chlodwig: Sich auf die Sohnesfolge zu berufen, war durchweg bis zum Ende des 9. Jahrhunderts der Normalfall in der fränkischen Welt. In der ganzen Zeit der merowingischen Könige zwischen 511 (dem Tod Chlodwigs) und 751 (Durchsetzung Pippins) wurde niemand dadurch auffällig, dass er beim Tod eines Königs das Legitimationsmodell der Sohnesfolge in Zweifel zog. Weder Karl Martell hatte dies riskiert, noch jener Karolinger Grimoald, der versucht hatte, durch eine Adoption in die Königsfamilie an die Macht zu kommen. Das Legitimationsmodell der Sohnesfolge überlebte sogar die vielen Generationen schwacher Könige und solcher, die sich andauernd gegenseitig umbrachten.

Nach der erfolgreichen Aneignung des Königtums durch Pippin, des ersten Bruchs mit diesem Legitimationstyp, hat das Argument der Sohnesfolge wiederum mehr als hundert Jahre, bis 888, funktioniert.

Nur einmal – um 751 – hat ein Machtwechsel stattgefunden, der nicht durch Vater-Sohn-Beziehung legitimiert wurde und dessen Legitimierung augenscheinlich auch schwierig war (S. 52). Die Chronisten der Sieger haben seinerzeit im Nachhinein gleich alle drei alternativen Legitimationen aufgebracht –

das Argument der größeren Macht, jenes der Einsetzung durch eine höhere Instanz und das Argument der Wahl. Schließlich haben sie ein Ordnungsargument vorgetragen, das höher rangierte als Sohnesfolge – das Argument des gefährdeten *ordo*, der Schöpfungsordnung.

Um das Jahr 888 herum aber war es mit dieser eindeutigen Akzeptanz des Arguments der Sohnesfolge anscheinend vorbei – im Westen der fränkischen Welt nicht anders als im Osten. Legitimität der Sohnesfolge ist nicht etwas, das einfach besteht, sondern etwas, das behauptet wird und durchgesetzt und verteidigt werden muss. Es ist die Aufgabe des Königs, Distanz zu schaffen zwischen sich selbst und den anderen Mächtigen. Wie er das schafft – wie er Aura produziert – ist jeweils zu untersuchen. Hier sehen wir, dass ein sehr altes Argument plötzlich versagt.

Ein gewisser Boso wird König. Schon im Jahr 879 hat eine Versammlung von sechs Erzbischöfen und 17 Bischöfen in Mantaille bei Vienne einen König für die Provence und Burgund durch Wahl bestimmt, einen gewissen Boso. Regionen, die permanent Angriffen von außen ausgesetzt waren – hier besonders von Sarazenen – wählen einfach einen neuen König; dabei spielen Sohnesfolgen offensichtlich keine Rolle. Bosos Königtum bestand bis zu seinem Tod 887.

König Odo, Kaiser Wido, König Rudolf, König Arnulf, König Karl. Die Annalen eines besonders hart von den Wikingern betroffenen Klosters, Saint-Vaast in Arras (180 km nördlich von Paris), buchstabieren lakonisch aus, wie jede Region «aus ihren Eingeweiden» einen König erhob:

«Im Jahre des Herrn 888 waren die Franken unter sich uneins; die einen, welche zur Partei des Erzbischofs Fulcho gehörten, suchten den Wido, die anderen aber, unter denen der Graf Theoderich der bedeutendste war, den Odo zum König zu setzen. Und diejenigen, die den Odo herbeigerufen hatten, kamen in dem Palast Compiègne zusammen und ließen ihn mit Zustimmung aller Gleichgesinnten durch die Hand des Erzbischofs Walter zum König weihen. Einige wenige aber aus Burgund setzten sich den Wido in der Stadt Langres durch Geilo, den Bischof dieser Stadt, zum König. [...] Die aber, welche jenseits des Jura und diesseits der Alpen wohnten, versammelten sich in Toul und forderten, dass Rudolf, der Neffe des Abts

Hugo, durch den Bischof dieser Stadt zum König geweiht würde, was auch also geschah. Wido aber, als er nach seiner Erhebung zum König vernahm, dass Odo in Francien zum König gesetzt worden war, kehrte mit denen, welche ihm zu folgen sich entschlossen, nach Italien zurück; hier [...] ging er nach Rom und wurde Kaiser.»

Der aus der Nähe von Nantes an der Loire stammende Wido war in Spoleto (Mittelitalien) mächtig geworden, hatte dort mit Kaiser Lothar I. gegen die Sarazenen gekämpft und unterhielt gute Beziehungen zum Papst. Als er vom Tod des Karolingers Karl III. hörte, zog er über die Alpen, wurde von einigen Bischöfen zum König erhoben, ließ es aber nicht auf einen Konflikt mit dem weiter nördlich zum König erhobenen Grafen Odo ankommen, zog nach Italien zurück und wurde Kaiser.

Offenbar kümmerte es die Entscheidungsträger nicht, dass es immerhin ein Kind gegeben hätte, das Sohn eines karolingischen Königs war – ein 879 geborener Karl («der Einfältige»), Sohn Ludwigs II. († 879). Nach Odos Tod konnte dieser Karl eine überschaubare Macht erringen und sich ein paar Jahre halten. Auch in einer Region am Ostrand der fränkischen Welt entschieden sich die politischen Akteure noch einmal für jemanden, der noch als Karolinger auftreten konnte, einen Arnulf. Er stammte zwar von einer nicht «legitimen» Mutter, aber dieses Argument konnte nur schwache politische Figuren aus der Bahn werfen. Er wurde 887 König und 896 Kaiser.

Fritzlar 919: Der König der Franken wird sächsisch. Was 879 mit dem regionalen Königtum Bosos begann und 888 mit den regionalen Königserhebungen Odos, Widos, Rudolfs und Arnulfs als flächendeckender Typus der Regionalisierung erscheint, wurde 919 auch in den Herzogtümern Sachsen und Franken erprobt. Auch dort entschied man sich für eine regionale Lösung, für einen Sachsen namens Heinrich als regionalen König dieser beiden Gebiete. Dieser Heinrich initiierte in der Folgezeit das langlebigste unter den neuen regionalen politischen Systemen, zudem das am stärksten expandierende. Seine Nachfahren – Sohn, Enkel und Urenkel (Otto I. bis Otto III.) – sollten es wieder zum römischen Kaisertum bringen und zugleich die letzten Repräsentanten jener Kultur sein, die man als «fränkische Welt» bezeichnen kann.

Insgesamt ist die gegen 888 plötzlich erkennbare Veränderung augenfällig: Das Argument der Vater-Sohn-Folge hat überall die ausreichende Resonanz verloren, eventuell auftauchende Figuren mit entsprechendem Anspruch müssen sich mit dem Stigma der Illegitimität auseinandersetzen. Alle Lösungen waren regionale Lösungen.

Senlis, 987 – Ludwig der Nichtstuer fällt vom Pferd

Reitunfälle und Weltgeschichte. Tödliche Reitunfälle können welthistorische Effekte haben. Der römische Kaiser Theodosius II. ist dafür ein Beispiel. Er starb 450 bei einem Reitunfall, sein Nachfolger Marcian kündigte den Hunnen unter Attila den Tribut, und diese reagierten mit einem Politikwechsel: Statt wie 441 und 447 in den Balkan einzufallen und von Kaiser am Bosporus Tribut zu erzwingen, wandten sie sich im Jahr 451 leichterer Beute zu und fielen in Gallien ein, im folgenden Jahr in Italien. Der Westen des Imperiums erlebte seine schlimmsten Zeiten wenige Jahre bevor Chlodwigs Vater Childerich die historische Bühne betrat.

Der Reitunfall des Jahres 987 hingegen war wenig spektakulär: Als König Ludwig der Nichtstuer bei der Jagd aus dem Sattel kippte, war dies beinahe ein Nichtereignis. Es fiel eher zufällig zusammen mit dem Ende dessen, was man als «fränkische Welt» bezeichnen mag. Ludwig starb «ohne Söhne», wie manche Zeitgenossen festgehalten haben, weshalb er als der letzte Nachfahre Karls des Großen, als letzter «Karolinger» auf dem Königsthron, in die Geschichtsbücher eingegangen ist. Nach seinem Tod wurde gewählt. Man entschied sich für einen Hugo, der Herzog der *Francia* war, 200 Jahre später den Beinamen *Capet* bekam und als Spitzenahn der Kapetinger in die Geschichte eingegangen ist.

Ein fränkischer König ohne Söhne. Will man dieses eher anekdotische Ende der fränkischen Welt ins Systematische wenden, so kann man den Blick wieder auf den Beginn dieses Buches richten. Die zeitgenössischen Texte erklären, Ludwig sei «ohne Söhne» gestorben, viele Forscher machen daraus offenbar reflexartig «ohne legitime Söhne». «Legitimität» der Geburt war inzwischen für schwache Herrscher zu einem unangenehmen

Argument geworden. Zu Beginn des 6. Jahrhunderts, als Theoderichs Herrschaft unterging, Chlodwigs aber nicht, war es insbesondere die Polygynie, die den Unterschied markierte (grch. *poly* = viel; *gynē* = Frau): Theoderich lebte, zumindest politisch, in Monogamie, für Chlodwig hingegen und noch viele seiner Nachfolger – Karl den Großen eingeschlossen – war Polygynie Teil des politischen Systems. Das monogame System Theoderichs ging unter, das polygyne System der Franken überlebte für Jahrhunderte. Das generationenlange rhetorische Trommelfeuer der kirchlichen Hardliner – Hinkmar von Reims (Bischof seit 845) allen voran – hatte gegen 900 noch immer nicht zum Ausschluss «illegitimer» Kandidaten geführt, wohl aber dazu, dass nur noch starke Figuren gegen diese Invektive bestanden, so etwa jener Arnulf, der sich 887 im Osten des fränkischen Raumes durchgesetzt hatte. Dieser hat 889 sogar erreicht, dass die mächtigen Unterstützer seines Königtums seine beiden außerehelichen Söhne Zwentibold und Ratold als Nachfolger anerkannten.

Auch der erste sächsische Frankenkönig, Heinrich I. (919–936), ist Beleg dafür, dass «Legitimität/Illegitimität» nichts als eine manchmal stumpfe, manchmal scharfe Waffen war. Ohne dass daraus politische Probleme erwachsen wären, hat Heinrich eine Frau verlassen und eine andere aus politischen Opportunitätserwägungen zur Frau genommen. Ein Blick über die Grenzen in die politischen Kulturen der Nachbarn – etwa in Skandinavien oder in der Normandie – führte den Franken ohnehin stets vor Augen, dass dort Polygynie offiziell zum politischen Tagesgeschäft gehörte. Erst in den letzten zwei Jahrzehnten hat die Forschung herausgearbeitet, dass nur im Raum der fränkischen Herrscher zunehmende Konzentration auf «legitime» Söhne stark ausgeprägt war.

IV. Politische und soziale Strukturen, Administration und Wissenskulturen

Die Grundzüge des Politischen und Sozialen in der fränkischen Welt lassen sich mit Blick auf drei Bereiche erfassen. Zunächst (1) werde ich einige politische Institutionen besprechen, die man der fränkischen Gesellschaft bis vor kurzem gerne unterstellt hat, die es aber nicht gab: *Staat, Reich* und *Lehnswesen.* Sodann wird (2) die einzige politische Institution in den Blick genommen, mit der die politische Kultur jener Zeit explizit – von der Urkunde bis zu den meisten Monumenten – gearbeitet hat: *Kirche.* Dabei ist zugleich in den Blick zu nehmen, dass eine sehr erfolgreiche Parallelwelt fast keine Zeugnisse hinterlassen hat: die *Gewaltkultur.* Schließlich hat sich (3) in den letzten Jahrzehnten die Ansicht durchgesetzt, dass in der fränkischen Welt gerade jene Institution ihre Dominanz verloren hat, die in allen vormodernen Vergleichsgesellschaften die stärkste Institution war: der männliche Ahnenverband. Im Anschluss daran gilt der Blick den Wissenskulturen, abschließend den Grundzügen der ökonomischen Verhältnisse.

1. Formen des Politischen (1): Kein Staat, kein Reich, kein Lehnswesen

Deutungsrahmen politischen Handelns. Die politische Struktur der fränkischen Welt und das Handeln ihrer Protagonisten kann man nur verstehen, wenn man zuerst die Frage nach dem Denkrahmen politischen Handelns stellt. Worauf bezog sich ein König, wenn er eine Entscheidung traf? Welches Denksystem stiftete die Kriterien, an denen er «richtig» und «falsch» maß, mit deren Hilfe er jede neue Situation analysierte? Dieser Denkrahmen bestimmte, wie man am Hof Informationen filterte, verarbeitete und in Handlungsmaximen umsetzte. Wenn man unterstellt, dass die fränkischen Könige und ihre Entourage vernünftig gehandelt

Abb. 7: Johann von Leers, *Für das Reich. Deutsche Geschichte in Geschichtserzählungen*, Berlin – Leipzig 1940.

Der feurige Antisemit und NS-Propagandist Leers, seit 1940 Professor für Deutsche Geschichte in Jena, hatte seine Gründe dafür, im Kinderbuch die Könige der fränkischen Welt «für das Reich» agieren zu lassen. Auf dem Coverbild reitet Otto I. (die Zeichnung kopiert den «Magdeburger Reiter»), dessen Vater «aus den Trümmern des zusammengebrochenen ostfränkischen Reiches der Karolinger ein wirklich deutsches Reich» geschaffen habe. Für die Konstruktion des Dritten Reiches brauchte man dieses erste «Reich». Aber haben wir immer noch Gründe dafür, uns um diese Könige herum ein «Reich» vorzustellen? Agierten sie «für das Reich»? Stellten sie sich überhaupt ein «Reich» vor? Und wenn nicht: Hat dies Konsequenzen für unser Geschichtsbild?

haben (jede andere Unterstellung wäre absurd), dann sind die Kriterien ihrer Handlungsvernunft für uns der Schlüssel zum Verständnis der Gesellschaft. Es geht um die «Wenn-dann»-Logik eines Warlords um 480 (S. 39), eines Königs um 500 (S. 44) oder um 800 (S. 64), eines Palastvorstehers um 750 (S. 52) oder

der vielen regionalen Könige neuen Typs, die um 900 auftraten (S. 72). Dabei geht es besonders um die Vorstellungen dessen, was als das «Ganze» galt, das zu sichern war. Sollen wir uns das politische System jener Zeit als einen «Staat» vorstellen, in dessen Dienst und Interesse die Könige und ihre Entourage handelten? Sollen wir wirklich unterstellen, dass sie «für das Reich» (Abb. 7) unterwegs waren? Stellten sie sich überhaupt ein «Reich» vor? Und wenn sie sich keines vorstellten (jene «Reichsidee» nicht hatten, von der die deutschsprachige Forschung im letzten Jahrhundert fasziniert war), sollte es dann trotzdem ein «Reich» gegeben haben, in dem und für das die Könige und ihre Mitstreiter arbeiteten – gewissermaßen ein «Reich» ohne «Reichsidee»? Und wenn dies zu verneinen wäre: Kann man überhaupt eine historische Darstellung über die fränkische Welt schreiben, ohne das Wort «Reich» zu benutzen, selbst wenn die Franken ein solches nicht einmal gedacht haben sollten?

Streit um Worte. Fragen dieser Art sind alles andere als «nur ein Streit um Worte», denn am Streit um solche Worte hängt die gesamte Deutung. Prinzipiell sind wir natürlich gewohnt, dass unsere analytische Sprache von der historischen Sprache verschieden ist. Karl der Große und seine Berater haben kein Konzept von «Diskurs» oder «Struktur» gehabt, trotzdem beschreiben wir zu Recht die fränkische Gesellschaft mit solchen Kategorien. Wo also ist das Problem bei der Rede vom fränkischen «Staat» oder «Reich»? Zu trennen ist zunächst die Sprache der fränkischen Zeit (hatten «die Franken» ein Konzept «Staat» oder «Reich»?) von der beschreibenden Sprache der Geschichtswissenschaft (erfassen wir das politische System «der Franken» mit den wissenschaftlichen Worten «Reich» oder «Staat»?). Hier geht es letztlich um die Frage, ob man mit den wissenschaftlichen Worten «Reich» und «Staat» die politische Logik dieser Gesellschaft fassen kann. Das Problem ist zentral, entsprechend alt die Diskussion.

Kein «Staat», kein «Reich»

Vor der Trennung des Politischen vom Kirchlichen. Das Problem besteht besonders darin, dass die Konzepte «Reich» und «Staat» erst in der Geschichte auftauchten, als sie *neben* der Kirche gedacht werden konnten, als man in Formeln wie «Reich *und* Kirche» oder «Staat *und* Kirche» zwei verschiedene Institutionen mit verschiedenen Logiken und einem politischen Verhältnis zueinander bezeichnen wollte. Erst als sich etwa seit dem 12. Jahrhundert das sakrale und das politische System ausdifferenzierten, setzte sich das Konzept «Reich» durch (nach Stefan Weinfurter erstmals sichtbar in der Kanzlei Friedrichs I. «Barbarossa» um 1150), und erst als seit dem 16. Jahrhundert die Republik als politische Alternative zur Monarchie theoretisch reflektiert wurde, nutzten viele Autoren nur für diese – die Republik – das Konzept «Staat», als Gegenkonzept zu «Monarchie». Mag sich das Konzept von «Staat» und «Reich» seither noch oft gewandelt haben, und mag es in den historischen Geisteswissenschaften auch endlos viele Definitionsversuche geben, so ist doch das hier entscheidende Problem geblieben: Wer die Wörter «Reich» und «Staat» für die fränkische Kultur verwendet, arbeitet unausweichlich mit einer Zweiheit «Reich *und* Kirche» – sosehr auch «Verschränkung» betont sein mag.

Diese Zweiheit aber gab es im frühen Lateineuropa nicht, es gab kein *«und»*. Es gab nur *einen* Rahmen expliziten politischen Argumentierens, und dieser war eher «Kirche» als «Reich» oder «Staat». Wie immer die Geschichtswissenschaft also über diese Gesellschaft spricht, es muss stets deutlich bleiben, dass «Kirche» die beherrschende Ausdrucksweise des *politischen* Ganzen war. Für historische Darstellungen jener Zeit ist es leicht, auf das Konzept «Reich» zu verzichten. Viele «Reiche» könnten zum Beispiel sofort aus den Geschichtsbüchern verschwinden, wenn man aufhören würde, die Worthälfte «Reichs-» in die zeitgenössischen Texte hineinzuschmuggeln. Wo ein fränkischer Text von einer «allgemeinen Versammlung» (*generalis conventus*) spricht oder auch nur von einer Versammlung (*conventus*), finden wir in den Übersetzungen seit dem 19. Jahrhundert einen «Reichstag» oder eine «Reichsversammlung».

Vom konkreten zum abstrakten Denken? Aus dem 19. Jahrhundert hatte die historische Forschung die Vorstellung eines fränkischen «Staates» geerbt. Im 20. Jahrhundert drängte zunächst, wesentlich ausgelöst durch Otto Brunners Buch «Land und Herrschaft» von 1939, eine andere, dem Nationalsozialismus besonders kompatible Vorstellung in den Vordergrund: die Vorstellung eines frühen «Mittelalters» der «konkreten Ordnungen» (eine Leitidee des NS-Ideologen Carl Schmitt), der persönlichen Autoritäts- und Treuebeziehungen, des «Personenverbands» oder «Personenverbandsstaats». «Die heutige Rechtslehre», so schrieb 1941 der einflussreiche Rechtshistoriker Heinrich Mitteis, «geht von den konkreten Begriffen der Autorität, der Verantwortlichkeit, der politischen Treupflicht aus, wie denn überhaupt der heutige Staat, dem deutschen Staat früherer Zeit ähnlich, wieder viel mehr auf persönliche Bindungen als auf das Abstrakt-Sachliche, Anstaltliche gestellt ist.» Mitteis, der einflussreichste Verfechter des «frühmittelalterlichen Staates», verbindet die beiden Ansätze «Staat» und «konkrete Ordnung»; er war nicht der Einzige.

Konkret gegen abstrakt, persönlich gegen anstaltlich? Das daraus entstandene und trotz vieler Diskussionen *grosso modo* noch ‹gültige› Geschichtsbild könnte man auf die Formel bringen: *vom frühmittelalterlichen konkreten Denken in personalen Beziehungen zum hochmittelalterlichen abstrakten Denken von politischen Institutionen.* Eine solche Formel unterstellt, dass die fränkische Gesellschaft nicht abstrakt gedacht hat, sondern konkret – also nicht «der Staat» oder «das Reich», sondern: «meine Beziehung zu dir».

Ethnologische Wende. Dass diese Vorstellung bis heute dominant geblieben ist, verdankt sie (wie der Historiker Walter Pohl gezeigt hat) einer merkwürdigen Verquickung. Als seit den späten 1960er Jahren die Ethnologie zur Leitwissenschaft der Geschichtswissenschaft wurde anstelle der rechtshistorischen Verfassungsgeschichte, geriet die Erforschung weitgehend unberührter Kulturen in der Südsee oder am Äquator zum Quell methodischer Anregungen. Mit einem «Staat» hatten diese Gesellschaften nichts zu tun. Was die Ethnologie in ihren vormodernen *Face-to-face*-Gesellschaften beobachtete, hat die Geschichtswissenschaft in vielem sensibilisiert für Eigenheiten von Gesellschaften wie der fränkischen. Man fand nun plötzlich in der fränkischen Gesellschaft die Themen der Ethnologen –

«Personen in Gruppen», *Face-to-face*-Kommunikation, Rituale des Gabentauschs und der agonalen Überbietung, Scham- und Schuldkulturen, symbolisches Kapital, Tabus, Übergangsriten und vieles mehr. Dies ging einige Jahrzehnte lang gut und war sehr fruchtbar. Als aber seit etwa dem Jahr 2000 wieder einige deutsche Historiker Gefallen daran fanden, in den frühen nachrömischen Gesellschaften einen «Staat» zu suchen und zwei gewichtige Bücher dazu vorlegten, fand sich im programmatischen Einleitungstext ein listiges und nicht sogleich von der Hand zu weisendes Argument: Zur Verteidigung ihrer neuen Hinwendung zum – schon beerdigt geglaubten – «frühmittelalterlichen Staat» war es nützlich, dass die ethnologische «Mittelalter»-Forschung sich mit der des Nationalsozialismus – so unterschiedlich Wortwahl, Intention und Erkenntnisinteresse waren – gut vertrug in der Konzentration auf das, was die einen «*Face-to-face*-Gesellschaft», die anderen «konkrete Ordnung» nannten.

Keine explizite politische Theorie? Auch jene, die nach 2000 den «frühmittelalterlichen Staat» wieder ins Spiel gebracht haben, glauben nicht an ein ausdrückliches zeitgenössisches Konzept vom «Staat». Manche suchen eine «implizite», in Chroniken erzählte «Staatstheorie», andere destillieren aus dem Handeln der Protagonisten ein «Wissen ohne Konzept», wieder andere argumentieren funktional oder dehnen die Definition von «Staat» bis zur Unbrauchbarkeit. Wie immer man sich zu dieser sicher schwierigen Frage verhält, eine Vorstellung wird von Verteidigern wie Gegnern des «frühmittelalterlichen Staates» unerschütterlich weitergetragen, obgleich es genug Einwände gibt: dass es keine explizite politische Theorie gegeben habe und dass «die Franken» nicht in abstrakt-institutionellen Kategorien gedacht hätten, sondern in personalen Beziehungen.

Die Stabilität dieser Vorstellung vom Fehlen einer reflektierten, expliziten politischen Theorie mag damit zusammenhängen, dass die verwendeten Kategorien «Reich» und «Staat» stets, im historischen wie im heutigen akademischen Sprachgebrauch, die Ausdifferenzierung des Heiligen (Kirche) und des Politischen (Reich, Staat) voraussetzen. Wer diese Vorstellung – die erst im

12. Jahrhundert Karriere macht – ablegt, kommt zu einer anderen Sicht auf die fränkische politische Kultur. Leicht findet man eine hochreflektierte politische Theorie. Diese soll im folgenden Abschnitt (S. 86) skizziert werden, zuvor aber muss neben der Vorstellung von «Reich» und «Staat» noch eine weitere Vorstellung verabschiedet werden, die bis vor wenigen Jahren fest mit der fränkischen Kultur verbunden war: das Lehnswesen.

Kein «Lehnswesen»

Jedes Schulbuch bis heute, aber auch noch viele Handbücher bis um das Jahr 2000 erklärten das Funktionieren der fränkischen Gesellschaft mit einer alles dominierenden Institution, die verschiedenste Funktionsbereiche – von der militärischen über die wirtschaftliche bis zur politischen Organisation – zusammengehalten und strukturiert habe: das sogenannte «Lehnswesen». Die Forschung bezeichnet mit diesem Wort eine Rechtskonstruktion, die sie im 7./8. Jahrhundert im Entstehen zu beobachten glaubte, seit dem 9. Jahrhundert in Vollendung und nach der Jahrtausendwende als zunehmend zweckentfremdet wahrnahm. Dieses «Lehnswesen» soll aus der Verbindung zweier (nicht unbedingt schriftlicher) Vertragselemente bestanden haben, eines persönlichen Treuevertrags («Vasallität») und eines materiellen Leihvertrags («Lehen»). Der Treuevertrag habe vorgesehen, dass der Rangniedrigere dem Ranghöheren (oder nach einem Krieg der Unterlegene dem Sieger) die Treue schwur, was bestimmte Dienste – Kriegsdienst etwa – einschloss. Der Ranghöhere sicherte dafür Schutz zu, was etwa Hilfeleistung für den Rangniedrigeren bei einer Fehde bedeuten konnte. Mit diesem asymmetrischen, aber wechselseitig bindenden Treuevertrag sei ein materieller Leihvertrag über ein Stück Land oder eine andere Einkunftsquelle verbunden gewesen, der gewährleistet habe, dass der Getreue seinem Herrn tatsächlich in den Krieg folgen konnte. Der Vasall habe das Land dann wiederum weiterverliehen an niedrigere Herren (die dadurch zu «Aftervasallen» wurden). So ist die in früheren Geschichtsbüchern allgegenwärtige, inzwischen verschwindende Grafik der «Lehnspyramide» entstanden. Da der Leihvertrag befristet gewesen sei bis zum

Tod eines der beiden Vertragspartner, hätten die Herren stets Mittel zur Bindung neuer Vasallen zur Hand gehabt. Um die Wende zum 8. Jahrhundert sei diese doppelte, personale und materielle, Vertragskonstruktion als durchgängiges System, eben als ein «-wesen», erkennbar. Grafen, Bischöfe und Äbte seien schon seit Karl dem Großen auf diese Weise an den König gebunden gewesen, und deren Leute wiederum an sie. Kurz: Die ganze politische Hierarchie habe auf dieser typisch fränkischen Vertragstechnik beruht, die das Persönliche und das Materielle koppelte. Neben den politischen Funktionen und sozialen Hierarchien habe sie das Personal für die Kriege, die Organisation der Agrarwirtschaft und nicht zuletzt: die Macht des Königs gesichert, denn niemand hatte so viel Land zu verleihen wie dieser. Erst nach dem Ende der fränkischen Welt, also nach der Jahrtausendwende, sei das System durch zwei Veränderungen zweckentfremdet worden: (1) Treueverträge von Gefolgsleuten mit mehreren Herren («Mehrfachvasallität») und (2) zunehmende Erblichkeit des eigentlich nur geliehenen materiellen Vertragsanteils (des «Lehens»).

Ein perfektes System politischer Organisation hatte die Forschung also in den frühen nachrömischen Gesellschaften gefunden, wenngleich immer wieder – schon in Schulbüchern der 1980er Jahre – darauf hingewiesen wurde, dass die konkreten Verhältnisse komplizierter gewesen seien als dieses Schema. Es ist nicht schwierig, in dieser Vorstellung vom «Lehnswesen» die Vorstellung wiederzufinden, dass die fränkische Kultur in personalen Beziehungen und Personenverbänden statt in «anstaltlichen» Institutionen gedacht habe (vgl. S. 82). Bis etwa zum Jahr 2000 bot kein Handbuch eine andere Deutung an. Als im Jahr 1994 die englische Historikerin Susan Reynolds die Idee des «frühmittelalterlichen Lehnswesens» radikal kritisiert hat, hat sich besonders die deutsche Forschung noch eine Weile gewehrt, aber schon 20 Jahre später stimmte sie in seltener Einmütigkeit zu. Kaum eine wissenschaftliche Erklärung ist so schnell in sich zusammengefallen wie dieses Kernstück des modernen Bildes vom «Frankenreich». Ein Lehnssystem hat es in der fränkischen Welt nicht gegeben. Seine Entstehung ist von der Geschichtswissenschaft nun ins 13. Jahrhundert verschoben worden. Das bislang als späte Verfallserscheinung betrachtete System der Mehrfachvasallität und der Erblichkeit geliehener Einkünfte war das eigentliche System.

Bischöfe, Äbte oder Grafen der fränkischen Zeit waren wohl nicht, wie bislang gelehrt, durch eine doppelte Mann-zu-Mann-Vertragsform aus Vasallität und Landleihe an den König gebunden. Diese Personen hatten ganz einfach ein Amt. Nach dem Zusammenbruch dieser Vorstellung vom alles zusammenhaltenden «Lehnswesen» gibt es Grund genug, erneut über die Logik des politischen Systems jener Kultur nachzudenken.

2. Formen des Politischen (2): Gott, sein königlicher Diener ... und die Gewaltkultur

Eine hochreflektierte, abstrakte politische Theorie

Der Denkrahmen politischen Handelns. Die oft erzählte Entwicklungsgeschichte *von konkreten Personenverbänden im Frühmittelalter zu abstrakten Institutionen im Hochmittelalter* ebenso wie die Vorstellung einer «frühmittelalterlichen» politischen Theorie von «Reich» oder «Staat» lassen sich nur aufrechterhalten, solange man den – an sich offensichtlichen – Kern des politischen Denkens ausklammert: «Kirche» und «Christenheit». Die Spezialisten in der fränkischen Welt haben keineswegs nur in «konkreten» Beziehungen gedacht, auch muss man ihre politische Theorie nicht implizit aus Chroniken herauslesen, ganz im Gegenteil. Sie hatten keine Schwierigkeiten damit, ihr politisches System in abstrakt-institutionellen Kategorien zu denken, und diesem Denken entsprach eine komplexe Institution. Seit Karl dem Großen ist dies nicht mehr zu übersehen. Aber schon der in Erzählform geschriebene Herrscherspiegel, mit dem der romanische Bischof Gregor von Tours († 594) das neue fränkische Königtum in eine der alten Elite passende Form bringen wollte (in seinen *Zehn Büchern Geschichten*), ist ein Beispiel dafür. Die einflussreichsten politischen Figuren neben den Königen waren in allen Jahrhunderten der fränkischen Welt Bischöfe und Äbte; und diese bezogen ebenso wie die Könige ihr politisches Denken und Handeln auf ein abstraktes institutionelles Subjekt, das in vielem analog funktionierte zu dem, was später ein «Reich» und noch später einen «Staat» ausmachen sollte.

Man nannte diese abstrakte, «transpersonale» (ein Lieblingswort der Mediävistik) politische Institution «Kirche», *ecclesia,* bisweilen auch «Christenheit». Der König war ein Funktionsträger dieser einzigen politischen Institution, die man seinerzeit dachte, der Kirche, und als solchem schrieb man ihm das Attribut *regnum* zu – was so viel heißt wie Königsmacht, Königtum, Machtbereich oder Raum königlichen Zugriffs. Der König war also in genau derselben Institution tätig wie Bischöfe, Priester oder Äbte, nur auf einem anderen Posten und für einen etwas anderen Aufgabenbereich und Raum als ein Bischof. Alle Beteiligten, soweit sie Spuren hinterlassen haben, deuteten Konflikte und Probleme, Ziele und Erfolge im Rahmen der *ecclesia* – also primär mit Blick auf das eigene und das kollektive Seelenheil.

Fragen wir also nach dem gedanklichen Werkzeugkasten, mit dessen Instrumentarium die fränkischen Höfe Informationen verarbeiteten und daraus ihr Handeln ableiteten, dann finden wir zumeist die gedanklichen Werkzeuge der Gottesbeziehung. Für fast jede Herausforderung, vom Einfall der Normannen bis zu einem besonders harten Winter, fast jede Handlungserwartung, von einem Geschenk an den heiligen Petrus bis zum Gebet für den Schlachtsieg, für politische Repräsentation, von der urkundlichen Darstellung des Königs bis zum Ritual seiner Thronerhebung, nutzte man den gleichen Vorrat an Erklärungen und Reaktionen. Karls des Großen Biograph behauptet, der König habe sich das Buch des heiligen Augustinus «Von der Stadt Gottes» (*De civitate Dei,* verfasst zu Beginn des 5. Jahrhunderts) vorlesen lassen. Wenn man ein Buch zum ‹Klassiker› der damaligen politischen Theorie zu erklären hätte, dann wäre es sicher dieses.

In dieser politischen Theorie funktionierte «Kirche» als legitimierender Referenzrahmen so wie später «Reich» oder noch später «Staat». Mit dem Wort «Kirche» umschrieb man auch den Aktionsradius der Könige und mit dem Wort «Christen» jene Personen, für die der König verantwortlich war. Die universal verstandene Kirche war zwar seit dem Rückzug des römischen Imperiums in den östlichen Teil des Mittelmeers ein Mosaik aus benachbarten, sich je eigen organisierenden «Mikro-Christenheiten» (um Peter Browns vielzitierte Formel aufzugreifen). Doch sehr vieles – etwa der Bezug auf Jerusalem sowie fundamentale dogmatische Haltungen – waren diesen benachbarten Christenheiten gemein. Das oben (S. 26) beschriebene postimperiale Gallien des 5. Jahrhunderts, in dem die politische Grundstruktur eines dichten Netzes von stadtherrlichen Bischöfen erfunden wurde, hat der nordalpinen «Mikro-Christenheit» ihr Format gegeben, innerhalb derer die fränkischen Königshöfe agierten, zugleich aber immer wieder – und je länger je mehr – die universale Dimension der *ecclesia* einbezogen.

«Priesterlicher Verstand». Als die alte Elite des römischen Imperiums nach Generationen der politischen Neuorientierung um 500 herum dem neuen König Chlodwig zu Format zu verhelfen suchte, griff sie auch zur Rhetorik der Sakralisierung: So attestierte die erste, von Chlodwig selbst einberufene Versammlung aller städtischen Exponenten auf Bischofsstühlen dem neuen König einen «priesterlichen Verstand» (*mens sacerdotalis*). Priestertum als Attribut des Königs war ein wiederholt verwendetes und eingefordertes Argument. So stilisierte der Papst um das Jahr 770 die jungen Könige Karl und Karlmann (in Anlehnung an ein Petrus-Zitat) als «heiliges Volk und königliches Priestertum» (*gens sancta atque regale sacerdotium*); später nannte Alkuin seinen Herrn Karl einen «Priester» (*pontifex*) und rühmte ihm «priesterliche Kraft» (*vigor sacerdotalis*) nach. Ein anderer nannte ihn «König und Priester» (*rex et sacerdos*), noch ein anderer einen «heiligen Kaiser» (*imperator sacer*).

Auch der Palast wurde bisweilen «heilig» genannt (*sacrum palatium*), Karl der Große unterhielt dort einen «Erzbischof des heiligen Palasts», Ludwig der Fromme einen «Erzkaplan des heiligen Palasts». Ein Erzbischof, der in der anscheinend disziplinär wie baulich maroden Kirchenprovinz von Lyon in des Königs Auftrag Ordnung schaffen sollte, richtete sich für die Durchsetzung des korrekten Gottesdienstes «nach dem Ritus des heiligen Palastes». Gemeint war damit Aachen.

Durchweg werden Ereignisse und Handlungen im Deutungsrahmen des Gottesdienstes und des christlichen Volkes auf dem Weg zum Seelenheil gedeutet. Als etwa die Hofannalisten vom Kampf der «Franken, Sachsen und Friesen» im Jahr 791 gegen die Awaren erzählten, begründeten sie den Kampf mit «der allzu großen und unerträglichen Übeltat, die die Awaren gegen die heilige Kirche und das christliche Volk begangen haben». Hier wurden keine «Untertanen» angegriffen, auch kein «Reichsvolk», sondern das «christliche Volk» der «heiligen Kirche». Dieses hatte der König als Funktionsträger der «heiligen Kirche» zu schützen. Viele Bausteine dieses neuen politischen Koordinatensystems hatten die Päpste ins Spiel gebracht (S. 56) – etwa die Auserwählung durch göttliche Vorsehung und die Einsetzung durch Gott, die geistliche Verwandtschaft, den Handlungsmaßstab des ewigen Richters und des Seelenheils oder die Deutung der politisch wegweisenden Pippinischen Schenkung an den «heiligen Petrus» (S. 57) als ein liturgisches Opfer, als *offerre*.

«Keine Macht zu konsekrieren». Allerdings fand die Rhetorik vom königlichen Priestertum schnell ihre Grenzen. Nie hat der König dem Priester in der Messfeier Konkurrenz gemacht. Auch dies hatte eine Vorgeschichte: Wenige Jahre vor der Durchsetzung der Karolinger als Königsfamilie hatte Papst Gregor II. († 731) gegenüber dem römischen Kaiser am Bosporus das Defizit des kaiserlichen Priestertums auf den Punkt gebracht: «keine Macht zu konsekrieren» (d. h. zu weihen, zu heiligen). Im Bereich der Liturgie waren die Machtverhältnisse klar. Aber jenseits des Liturgischen war, wie der folgende Blick auf die Praxis der fränkischen politischen Theologie zeigt, schwieriger zu klären, wer sich durchsetzen konnte und das letzte Wort hatte.

Regierungspraxis. Wie wird eine solche politische Theorie, die nur «Kirche» als Orientierungsrahmen kennt, zu täglichem Regierungshandeln? Auf dem hier zur Verfügung stehenden Raum will ich die Beispiele auf die Zeit um 800 beschränken; man könnte die Geschichte leicht vom 5. bis zum 10. Jahrhundert nachzeichnen – bis zum letzten König, der sein Königtum Ende des 10. Jahrhunderts mit dem Attribut «der Franken» versah, und sogar noch zwei Generationen darüber hinaus. Dann, nach der Mitte des 11. Jahrhunderts, brach der Streit um die

Kompetenzen aus («Investiturstreit»), an dessen Ende «Reich» als neuer Referenzrahmen des Politischen stand und von «Kirche» abgegrenzt wurde in neuen Formeln wie «Kirche und Reich». In der fränkischen Welt des 6. bis 10. Jahrhunderts aber beanspruchten die Könige Hoheit in Angelegenheiten, die aus heutiger Sicht ‹rein› kirchlich wirken.

Kaum ins Universum der römischen Kirche eingetreten, sind die fränkischen Könige als Herren dieser einzigen noch existierenden politischen Struktur aufgetreten. Seit Chlodwig haben die Könige selbst Bischöfe eingesetzt und selbst Bischofsversammlungen (*synodus, conventus*) einberufen. Ein Brief des angelsächsischen Missionars Bonifatius († 754/755) in seine Heimat aus den 740er Jahren – es waren dies die letzten Jahre der merowingischen Könige – bringt die Machtverhältnisse in kirchlichen Angelegenheiten auf den Punkt: «Ohne den Schutz der Frankenfürsten (*principes Francorum*) kann ich weder das Kirchenvolk noch die Priester und Geistlichen regieren noch die Nonnen und Mönche verteidigen.» Mit den «Frankenfürsten» waren die Palastvorsteher der Könige gemeint, etwa jener Pippin, der wenig später selbst König werden sollte (S. 52).

Für die Infrastruktur jenes poströmischen Gallien, in dessen politische Kultur die fränkischen Herrscher hineingewachsen waren (S. 28), bedeutete der königliche Zugriff auf die Bischofsversammlungen und -einsetzungen einen tiefen Einschnitt: Nicht mehr Metropolen (die Vorläufer der Erzbistümer), sondern die ständig wechselnden Machtbereiche der Könige entschieden nun über das Einzugsgebiet einer Synode, also nicht mehr, wie bis dato, die spätrömische Verwaltungsstruktur. So fehlte bei der ersten von Chlodwig I. einberufenen Synode in Orléans 511 der bis dahin besonders einflussreiche Bischof von Vienne, da er dem burgundischen Nachbarkönig unterstand. Auch mit der bisherigen Praxis der Wahl neuer Bischöfe durch Klerus und Volk war es schnell vorbei, Bischöfe setzte nun der König ein.

Die Könige beanspruchten nicht nur die personalpolitische, sondern auch theologische Autorität. Schon Chlodwigs I. Enkel König Chilperich I. (567–584) ist ein frühes Beispiel für diese theologischen Ansprüche der neuen Herrscher in der lateinischen

Welt. Der König imitierte die Kaiser am Bosporus, indem er sich als Theologe versuchte und den Bischöfen Vorschriften über den rechten Glauben machte. Zum Jahr 580 erzählte Bischof Gregor von Tours, ein Zeitgenosse, in seinen *Zehn Büchern Geschichten:* «König Chilperich schrieb eine kleine Schrift, dass man die heilige Dreifaltigkeit nicht mit Unterscheidung der Personen bezeichnen, sondern schlechthin Gott nennen müsse. Denn es sei unwürdig, bei Gott wie bei einem fleischlichen Menschen von einer Person zu sprechen. Auch behauptete er, der Vater und der Sohn seien derselbe, wie auch der heilige Geist derselbe mit dem Vater und dem Sohne sei.» Der König dozierte also in Anwesenheit des wenig erbauten Bischofs von Tours über das Wesen Christi und der Dreifaltigkeit. Dann beanspruchte er, ganz nach dem Vorbild der römischen Kaiser am Bosporus, die theologische Autorität: «So will ich», soll er gesagt haben, «dass du und die anderen Lehrer der Kirche glauben».

Gut 200 Jahre später, zur Zeit Karls des Großen, war der Anspruch der Könige auf theologische Autorität zum politischen Normalfall geworden: Dreimal berief Karl Versammlungen ein – 792 in Regensburg, 794 in Frankfurt und 799 in Aachen –, um eine Lehre zu verurteilen, die einige Bischöfe auf der Iberischen Halbinsel und in den Pyrenäen vertraten. Diese hatten erklärt, Christus sei nicht eines Wesens mit Gott, sondern nur ein Mensch, der von Gott als Sohn adoptiert wurde. Die theologische Intervention des Königs stand in keiner Beziehung zu seinen viel späteren militärischen Vorstößen in diesen Raum. Erst 15 Jahre nach seiner ersten Versammlung, im Jahr 807, hat der König in den Pyrenäen seine Claims auch militärisch abgesteckt.

Im Jahr 799 hat Karl im Frankfurter Palast versucht, seinem Machtwort in einem Streit Gültigkeit zu verschaffen, der die Politik der Päpste und der Kaiser am Bosporus in Atem hielt (S. 116). Es ging um die Frage, wie Christen es mit Bildern Christi und der Heiligen halten sollten – ob solche theologisch akzeptabel seien oder nicht. Der fränkische König ist zwar mit seinem Engagement gescheitert. Er hat die von den Hofintellektuellen in seinem Namen verfasste, sehr ausführliche Stellungnahme nicht publiziert, weil der Papst sich auf die Seite des Kaisers in Konstantinopel schlug. Aber dass der König derartige theologische Fragen für sein Kerngeschäft hielt, wird dennoch deutlich, und dass die theologische Haltung der fränkischen Könige zur Bilderfrage fundamentale Folgen für die weitere Geschichte der westlichen Kunst hatte, wird noch zu besprechen sein (S. 118).

Im Jahr 813 hat der König fünf regionale Bischofsversammlungen in Mainz, Reims, Tours, Arles und Chalon-sur-Saône einberufen. Thema war «die Verbesserung der kirchlichen Zustände», eine Regierungsmaßnahme (so notierten die in Reims versammelten Bischöfe eigens) «nach Weise der alten Imperatoren». Die Akten der fünf Versammlungen wurden eingesammelt, abgeschrieben und im Archiv des Palastes hinterlegt. «Wer sie kennenlernen will», so notierten die hofnahen Annalisten, «kann sie in den fünf Städten finden, obgleich sich auch im Palastarchiv Exemplare finden.»

Diese drei Regierungsakte sind exemplarisch für das umfassende Engagement, das die Frankenkönige dem Seelenheil, der richtigen kirchlichen Lehre und vor allem dem richtigen Gottesdienst widmeten. Im Zentrum königlicher Politik standen besonders seit der Mitte des 8. Jahrhunderts der Zustand der Kirchen, Theologie und der Dienst an Gott. Um allerdings diesen korrekten Dienst zu erreichen, musste zunächst Grundlagenarbeit geleistet werden; diese betraf Latein- und Rechenkenntnisse an Schulen, saubere Schrift in Schreibstuben, brauchbare Buchvorlagen in Bibliotheken, theologisches Grundwissen bei den Priestern, aber auch den Gesangsunterricht. Diese Grundlagenarbeit, die man heute «Karolingische Reform» nennt, brachte eine Wissenskultur hervor, deren Folgen weit über die fränkische Welt hinaus gewirkt haben. Darauf wird später noch einzugehen sein (S. 107).

Wer hatte das letzte Wort? Vorbild für diese Bereitschaft zur herrscherlichen Intervention in genuin theologischen Fragen dürften die Kaiser in Konstantinopel gewesen sein. Sie waren – seit Konstantin – unangefochten Oberhaupt der Kirche auch in dogmatischen Fragen. Der im direkten Zugriffsbereich der Kaiser residierende Patriarch von Konstantinopel rutschte gewissermaßen in die Stellung eines Hofbischofs. Die weit entfernt vom Kaiserhof residierenden römischen Päpste konnten sich gegen den Anspruch der Kaiser und Könige auf theologische Autorität wehren. «Ich bin Kaiser und Priester zumal», soll Kaiser Leon III. (um 680–741) geschrieben haben, und Gregor II. (Papst 715–731) wehrte sich: «Die Dogmen sind nicht Sache der Kaiser, sondern der Bischöfe.» Wenig später zogen die Päpste diese Verteidigungslinie auch gegenüber den dogmatischen Gestaltungsversuchen der fränkischen Könige. Mochte Karl der Große sich als «Zuhörer und Richter der Bischofsversammlung» aufwerfen, der «entscheidet und anordnet», mochte er unter seinem Namen theologische Kampfschriften schreiben lassen (S. 116 f.), die Päpste spielten nicht mit. Schon König Chilperichs Anspruch auf Autorität in dogmatischen Fragen war im 6. Jahrhundert von der versammelten Bischofsgemeinschaft zurückgewiesen worden.

(Fast) ohne Monument: eine leistungsfähige Gewaltkultur

Unverbundene Welten. Ein zentraler gesellschaftlicher Funktionsbereich der fränkischen Gesellschaft hat nur sporadisch Monumente hinterlassen – die Gewaltkultur. Die langlebigste nachrömische Gesellschaft in Lateineuropa mit den langfristigsten kulturellen Effekten hat fast jeden Sommer eine Kriegskampagne geführt, manchmal sogar über den Winter eine Belagerung aufrechterhalten. Dabei war sie sehr erfolgreich. Timothy Reuter hat schon 1985 versucht, diesen unsichtbaren Teil der fränkischen Welt in die Diskussion zu bringen: «Wir vergessen, dass es im achten und neunten Jahrhundert für den größten Teil Europas die Franken waren, die die Wikinger waren». Die Krieger der fränkischen Höfe waren die plündernden Gewalttäter, die unablässigen Eroberer, Jahr für Jahr. Es muss also eine leistungsfähige und alltäglich präsente Kriegerkultur gegeben haben.

Bis in die Zeit des Rittertums existierten die beiden Universen, Kirchenkultur und Gewaltkultur, als unverbundene Sinnwelten nebeneinander – in derselben Gesellschaft, in den Köpfen derselben Akteure. Erst das Ethos des Rittertums hat die beiden Welten der Gewalt- und der Kirchenkultur harmonisiert. Vor dem Rittertum aber bleiben die Arenen der Kriegerkultur (etwa Jagd, Formen des Kräftemessens, Alltäglichkeit des Waffentragens) für uns weitgehend unsichtbar. Immerhin einige wenige Monumente geben Hinweise.

Statue, Münze und Liturgiebuch. Die römischen Kaiser der ersten sechs Jahrhunderte – Marc Aurel († 180) etwa im alten Rom und noch Justinian I. († 565) im neuen Rom am Bosporus, haben auf Selbstinszenierung als reitender Souverän gesetzt – im Medium der Statue ebenso wie in Münze oder Elfenbein. Seit dem 7. Jahrhundert aber wandten sich die Kaiser von dieser Politik ab und erarbeiteten in den zentralen Autoritätsmedien (Münzen, Siegel) eine radikal neue Form politischer Inszenierung: Möglichst eng banden sie sich an das «echte Bild» Christi und an die Gottesmutter (Abb. 13). Monumente reitender Kaiser sind seither nicht mehr zu finden.

Diese Integration Christi und der Gottesmutter in die kaiserlichen Massenmedien scheint kaum einen lateinischen Herrscher beeindruckt zu haben. In der fränkischen Welt verschwand die Reiterstatue *nicht*, Christus und Maria zogen *nicht* in die Bildsprache der beweglichsten und verbreitetsten Autoritätsmedien ein. Die heute massenhaft abgebildete, weitgehend profane Miniatur-Reiterstatue eines karolingischen Herrschers (Abb. 9) ist keineswegs isoliert. Wie schon der Gote Theoderich († 526), so haben Karl der Große († 814) oder sein Enkel Karl der Kahle († 877) mit monumentalen Reiterstatuen Politik gemacht. Fränkische Besucher Roms fanden die Statue Marc Aurels vor dem Palast der Päpste, dem Lateran (Abb. 8), und hielten sie für eine Darstellung Konstantins. Die Reiterstatue Justinians vor dem Palast in Konstantinopel blieb bis zum Untergang des Römischen Imperiums im 15. Jahrhundert ein Wahrzeichen. Karl der Große hat eine Reiterstatue Theoderichs aus Ravenna über die Alpen schleppen und gut sichtbar in der Aachener Palastanlage aufbauen lassen (Abb. 10). Karl der Kahle ließ ein ähnliches Monument im politischen Zentralort Limoges errichten.

Abb. 8: Maarten van Heemskerck, Römisches Skizzenbuch, 1532/34; Berlin, Staatliche Museen zu Berlin, Kupferstichkabinett.

Der Kaiser Konstantin vor dem Lateranpalast der Päpste in Rom, so wie ihn Karl der Große wohl vorfand und wie ihn gut 700 Jahre später, um 1532/34, der Maler Maarten aus Heemskerk bei Amsterdam skizziert hat. Maarten wusste bereits, dass dieser Reiter ursprünglich nicht Konstantin, sondern Marc Aurel repräsentiert hat.

Kurz, in ihrer Politik des eigenen Bildes haben die fränkischen Herrscher die radikale, auf Christus zentrierte Neuinszenierung der Kaiser am Bosporus nicht mitgemacht. Sie hielten sich – auch auf Münzen – weiterhin an die Feldherren-Inszenierung der römischen Kaiser. Zwar versiegen im späten 9. Jahrhundert die Spuren der weitgehend profanen Reiterrepräsentation zwischenzeitlich, aber im 11. Jahrhundert tauchen die Reiter zunächst auf Siegeln der Fürsten wieder auf, ab dem 12. Jahrhundert wieder auf königlichen Herrschaftsmedien.

Für das «frühmittelalterliche Sakralkönigtum», das heutige Lehrbücher üblicherweise vermitteln, gibt es in der Bildpolitik fränkischer Könige (Statuen, Siegel, Münzen) kaum eine Evidenz. In die Irre führen jene Illustrationen, die heute allgegenwärtig sind. Sie zeigen durchweg singuläre Gestaltungseinfälle begabter Mönche, die mit zeichnerischer Brillanz in einige wenige Gebet- oder Messbücher einen König platziert haben. Um das Jahr 1000 gipfelten diese Erfindungen in einer exzent-

Abb. 9: Reiterstatuette aus dem 9. Jahrhundert; Paris, Louvre.

Die Reiterstatuette zeigt einen karolingischen Herrscher in einer politischen Repräsentationsform, von der die Kaiser am Bosporus sich längst abgewandt hatten; diese banden ihr Kaiserbild eng an das «echte Bild» Christi (Abb. 13). Die fränkischen Herrscher haben diese Wende nicht mitgemacht, sie inszenierten ihr eigenes Bild – auf Münzen wie (bisweilen) im Monument – weiterhin im vorchristlichen Bildrepertoire der römischen Kaiser. Nicht in Herrschaftsmedien, sondern nur in der Widmungs- und Gabenkultur der Mönche finden wir «christozentrische» Bilder der Herrscher (Abb. 11).

rischen Darstellung Kaiser Ottos III. († 1002). Ein mutiger Mönch hat den Kaiser an ebenjene Stelle gezeichnet, an der üblicherweise Christus der Weltenrichter sitzt (Abb. 11). In welche Kommunikationszusammenhänge gewähren solche Zeichnungen Einblick? Sie erhellen die Gaben- und Widmungskultur intellektueller geistlicher Gemeinschaften, nicht aber die Politik bildlicher Herrscherinszenierung! Die königliche Bildpolitik der Selbstinszenierung ist nie dominant sakral gewesen, schon gar nicht – wie am Bosporus – «christozentrisch».

Abb. 10: Modell des Aachener Kaiserpalastes mit zwei möglichen Positionen der Reiterstatue aus Ravenna.

Wer im Aachener Palast nach dem Jahr 801 aus dem Fenster blickte, sah in den Außenanlagen eine überlebensgroße goldene Reiterstatue auf einer Säule, die Karl der Große aus Ravenna nach Aachen hatte transportieren lassen. Begleitet war der reitende Souverän von einer nackten, musizierenden Figur, die nicht vergoldet war, und von weiteren Musikanten. Offenbar waren die Figuren als Brunnenfiguren inszeniert und von Wasser umgeben. Wie lange der Reiter und der Nackte – manches spricht für einen Satyr – dort standen, ist nicht dokumentiert.

Die büßende Gesellschaft

Wer über das Heilige, die Frömmigkeit und den Gottesdienst in der fränkischen Welt spricht, hat es oft mit Phänomenen zu tun, die die Franken entweder aus der Vorgängerkultur weitergepflegt hatten oder aus anderen missionierten Gesellschaften übernommen – insbesondere aus der irischen und der angelsächsischen. Spezifisch für die fränkische Kultur ist die Art der Verarbeitung all dieser Impulse in einer vom Hof aus gesteuerten, groß angelegten Organisation dessen, was die oben skizzierte politische Theologie verlangte: einer büßenden, sich eine Zukunft im Himmel erarbeitenden Gesellschaft.

Gottesdienst als Regierungshandeln. Wenn wir Karl dem Großen bei der Arbeit zuschauen wollen, dann beobachten wir ihn, wenn er nicht gerade Krieg führt, bei der umfassenden Organisation des Gottesdienstes. Seine zahlreichen Edikte machen immer wie-

Abb. 11: Es waren Produkte der Gaben- und Widmungskultur zwischen klösterlichen Gemeinschaften und Höfen, die den Herrscher in immer neuen, zumeist singulären Bildideen eng auf Christus bezogen.

Links: Im sogenannten Gebetbuch Karls des Kahlen hat ein begabter Zeichner den König kniend vor dem leidenden Christus, Vorbild königlicher Demut, ins Bild gesetzt (Mitte 9. Jahrhundert, München, Schatzkammer der Residenz). Rechts: Eine exzentrische Bildsprache für die Idee der königlichen Imitation Christi hat in den letzten Jahrzehnten der fränkischen Welt ein Zeichner im Liuthar-Evangeliar riskiert: Der sächsische Frankenkönig Otto III. sitzt genau dort, wo normalerweise der thronende Christus sitzt – in der Mandorla (um 1000, Domschatzkammer Aachen)

der klar, dass das Gros der Maßnahmen, insbesondere die groß angelegten Kampagnen zur Buchproduktion, zur Verbesserung der Bildung und des Gesangs in erster Linie darauf zielten, dass eine ganze Gesellschaft kontinuierlich Gott gnädig stimmen sollte, und zwar nicht allein durch gute Lebensführung, sondern durch richtiges Textverständnis und die korrekte Form von Bußleistung, Gebet, Gesang und Liturgie.

Die soziale Organisation des Büßens. Gegen 600 hatten irische Wanderasketen sich gezielt an die fränkischen Könige und Großen gewandt, deren Gunst gewonnen und im fränkischen Raum eine neue kirchliche Praxis der Buße initiiert, die in den folgenden beiden Jahrhunderten zu einer die ganze Gesellschaft erfassenden Frömmigkeitskultur wurde. Diese neue, in der fränkischen Welt entstandene Kultur war der wesentliche Impuls für den Reichtum der Klöster und Kirchen. Über Jahrhunderte blieb sie prägend, ehe sich die Gläubigen im Erfahrungsraum der Stadtgesellschaften seit dem 13. Jahrhundert von ihr abwandten.

Das entscheidende Element dieser von den Iren importierten neuen Bußkultur war die präzise Bewertung jeder einzelnen Sünde. Jeder erdenklichen Sünde wurde ein exaktes Bußmaß zugeschrieben, also eine genau bezifferte Bußleistung, zunächst in der Grundwährung «Fasten». Da sich Sünden sehr schnell zu einer unrealistischen Fastendauer türmten, verrechnete man das Fasten mit intensiveren und schnelleren Bußformen, etwa mit dem Beten von Psalmen, das sich mit weiteren Beschleunigungsmaßnahmen verbinden ließ. Eine fränkische Verrechnungstabelle des frühen 8. Jahrhunderts (*Poenitentiale Remense*) ist exemplarisch: *1 Tag Fasten = 50 Psalmen mit Kniebeugen, oder 70 Psalmen ohne Kniebeugen.* Spätestens am Ende des 8. Jahrhunderts gab es feste Umrechnungstabellen, in die nun auch eine noch intensivere Bußform eingebaut war, die Feier der Messe. Ein zu Beginn des 9. Jahrhunderts entstandenes Umrechnungsbuch (Bußbuch des Beda/Egbert) rechnet: *Das Singen einer Messe kann 12 Tage loskaufen.* Dies war eine gewaltige Umdeutung der Messfeier, denn bislang hatte man angenommen, dass Christus sich in der Eucharistie seinem Vater *für* die Menschen opfere. Nun wurde er seinem Vater geopfert *durch* die Menschen. Christus wurde zu einer Gabe in der Hand der Menschen. Erst die Reformatoren des 16. Jahrhunderts sollten dies wieder korrigieren.

Politisch und sozial folgenreich war diese Organisationsform der Sündentilgung aus einem einfachen Grund: Die meisten Christen konnten keine Messe feiern, sie brauchten dafür einen Priester. So wurde die Möglichkeit des stellvertretenden Büßens schnell zum Normalfall. Laien kamen in den Genuss der intensiven Kurzzeitbuße, indem ein Priester stellvertretend für sie die Buße leistete, in der intensiven Form der Messe. Die Laien mussten im Austausch den Priester unterhalten, also: zahlen. So gerieten auch Geldleistungen in die Umrechnungstabellen der Bußtarife. Man nannte das Verfahren ganz ungeniert «Loskauf» (*redemptio*). Eine um 800 im Kloster Rheinau (bei Schaffhausen) angelegte Tabelle rechnete so:

Für 1 Solidus	*100 Psalmen*	*oder*	*3 Messen*
Für 1 Unze	*150 Psalmen*	*oder*	*3 Messen*
Für 6 Unzen	*6 Psalter*	*und*	*12 Messen*
Für 1 Pfund	*12 Psalter*	*und*	*12 Messen*

In den Rechtstexten um 800 wurde wiederholt eingeschärft, dass ein Priester «sein Bußbuch gut kennen soll» oder «dass keiner zum Priester geweiht wird, ehe er nicht geprüft wurde: [...] Wie gut kennt und versteht ihr das Bußbuch?»

Dadurch änderte sich die soziale Zusammensetzung der Mönche eines Klosters, bald waren fast alle Mönche eines Klosters auch Priester, so dass sie alle Messen feiern konnten. Sie feierten sogenannte «Privatmessen», also Messen an einem Nebenaltar der Kirche für einen Dritten, der sich damit gegen eine Geldzahlung von Sünden «loskaufte». Folgen hatte dieses System auch für die Innenarchitektur der Kirchen, denn nun brauchten die Kirchen so viele Altäre, dass die Mönche eines Klosters oder die Priester einer Bischofskirche gleichzeitig jeweils «Privatmessen» feiern konnten.

Boden gegen Gebet: Die Kirchen werden Grundherren. Wiederum ist leicht zu erkennen, wie eine Veränderung die andere beeinflusste: Die Spezialisten der Totensorge – also Priester und Mönche – mussten für ihre Leistungen bezahlt werden. Und da sich niemand auf die Verwandten verlassen konnte (dazu das folgende Kapitel, S. 105), erledigte man die Sorge für das eigene Totengedächtnis vorsorglich selbst zu Lebzeiten. Laien übertrugen Klöstern und Kirchen Ländereien im Gegenzug für immerwährendes Gebet. Dadurch kamen besonders kirchliche Institutionen in den Genuss einer um diese Zeit neuen Form der Arbeitsorganisation: der Grundherrschaft (S. 123). Die Kirchen wurden neben den Königen die größten Grundherren.

3. Formen des Politischen (3): Eine Gesellschaft ohne Ahnenkult

Keine Ehrenmorde, keine Mädchentötung, keine Cousinenehen. Aus der Rückschau ist im Kulturvergleich auffällig, dass es im westlichen, lateinischen Europa einige Phänomene *nicht* gegeben hat, die in vielen großen Kulturen eine lange Tradition haben und noch heute große Probleme bereiten. «Ehrenmord» und Mädchentötung (als Tötung eines «unrentablen» Familienmitglieds) hat es nicht gegeben. Auch gebotene Ehen wie die Cousinenehe hat es zumindest bis zum 16. Jahrhundert nicht gegeben. Erst im 19. Jahrhundert tritt sie verstärkt auf. Wer die Gründe für das Fehlen in einer «Neuzeit» sucht, zumal in der Aufklärung, verpasst den Moment der historischen Weichenstellung. Es war die verkirchlichte Gesellschaft des 5. bis 8. Jahrhunderts, die das römische Modell der Ehe- und Verwandtschaftsordnung mitsamt der Totensorge radikal und mit nachhaltiger Wirkung umgekrempelt hat. Sie stand dabei zwar in der Tradition der Kaiser und Päpste der alten Mittelmeerwelt. Aber deren Anstrengungen haben nur in der Welt der römischen Kirche zu einem fundamental neuen Verwandtschaftssystem geführt, mit weitreichenden Folgen nicht nur für die Geschichte von Ehe und Familie, sondern auch für die Verfassungsgeschichte des Westens.

«Was Gott verbunden hat ...»: Umbau des Ehe- und Verwandtschaftssystems

Von vertikaler zu horizontaler Verwandtschaft, von schwacher zu starker Ehe. Auf eine sehr knappe Formel gebracht, verlief der Wandel von der römischen mediterranen zur poströmischen lateinischen Gesellschaft so: *von vertikalen, über männliche Abstammungslinien (Geschlechter) konstruierten Verwandtschaftsgruppen mit einer schwachen Position der Ehepaare in der Mittelmeerwelt des römischen Imperiums hin zu horizontalen, männliche wie weibliche Linien gleichermaßen berücksichtigenden Verwandtengruppen (Geflechte) mit einer zentralen Position der Ehepaare in der nachrömischen, fränkischen Kultur.* Die patriarchalischen Verwandtschaftsstrukturen der alten Mittelmeergesellschaften wichen einem bilateralen Verwandtschaftssystem, das gleichermaßen mütterliche wie väterliche Verwandte berücksichtigte. Da es sich um eine Bewegung über Generationen hinweg handelte, vermutet man die Beweggründe am ehesten bei zentralen Glaubensanliegen, also in einem Kreisen um biblische Formeln wie: *Was Gott verbunden hat, darf der Mensch nicht trennen* und *Lass die Toten ihre Toten begraben.* Bis heute allerdings zeichnet sich, was die Erklärung dieser Veränderung angeht, noch keine breit akzeptierte Deutung ab.

Ein auf männliche Verwandtenlinien, Ahnenkult und eine starke Stellung der Hausväter ausgerichtetes System wie das der römischen Gesellschaft war zwingend darauf angewiesen, das Fehlen einer männlichen Nachfolge korrigieren zu können; es musste Ersatz schaffen, wenn Erben allzu früh starben oder Söhne ganz ausblieben. In der römischen Gesellschaft war das Rechtsinstitut Adoption das wichtigste Reparaturverfahren für solche Störungen, aber auch Scheidung, Polygynie, Konkubinat oder für Juden das Levirat (der Bruder eines Mannes, der ohne Kinder verstorben ist, heiratet dessen Witwe) sind Mechanismen zur Korrektur der Situation, dass männliche Nachkommen ausbleiben.

Diese Techniken sind von Päpsten und Bischöfen schon vor dem Aufstieg der fränkischen Könige bekämpft worden, besonders seit der Verbindung der Päpste mit den fränkischen Königen konnte die Ehe zu Lasten der männlichen Ahnenorientierung stabil aufgewertet werden. Mit der Transformation der traditionellen römischen Gesellschaft seit dem 5. Jahrhundert sind die erwähnten Reparaturverfahren entweder sehr schnell verschwunden (Adoption) oder nach einigen Generationen entsprechender Bemühungen letztlich (jedenfalls im normativen Denken) erfolgreich bis Ende des 9. Jahrhunderts bekämpft worden (Scheidung, Polygynie). Theologen und Bischöfe verteidigten die Unauflöslichkeit der Ehe zweier Lebender mit den Mitteln des *Rechts,* die Unauflöslichkeit der Ehe selbst über den Tod hinaus dagegen nur mit den Mitteln der *Predigt.* Lebenslange Witwen- und Witwerschaft in treuer Liebe für verstorbene Ehepartner wurde nie rechtlich, aber durchweg moralisch gefordert. Keine andere große Kultur hat jemals das ritualisierte Übergangsstadium der Trauer für verstorbene Ehegatten als dauerhafte Lebensform eingefordert.

Für die Verfassungsgeschichte ist dieser Befund von besonderem Interesse. Im Vergleich mit früheren Gesellschaften (etwa denen der römischen Mittelmeerwelt) wie mit gleichzeitigen (etwa islamischen) zeigt sich, dass Verwandtschaft in den lateinischen Gesellschaften (von denen sich große Teile zunehmend «fränkisch» nannten) als strukturierende Kraft der Gesellschaft schon sehr früh Konkurrenz bekam durch eine Vielzahl konkurrierender oder paralleler Sozialformen wie Gilden, Bruderschaften, Pfarrgemeinden oder Grundherrschaften. Besonders die Grundherrschaft, eine Erfindung der fränkischen Kultur und ein Spezifikum des lateinischen Europa, kann man geradezu als Produkt der Schwächung männlicher Verwandtschaftsverbände deuten (S. 123).

Lange – bis zur Systematisierung des Kirchenrechts – konnten sich zumindest starke Machthaber über diese Anstrengungen der Rechtsetzung hinwegsetzen und Konkubinenkinder oder die Auflösung einer Ehe für sich durchsetzen (S. 77). Aber seit dem 9. Jahrhundert gerieten auch sie in Bedrängnis. Spektakulär gescheitert ist der Versuch des Königs Lothar II. (855–869), sich im Jahr 857 nach zwei Jahren kinderloser Ehe von seiner Frau Theutberga zu scheiden zugunsten seiner Konkubine Waldrada. Nach jahrelangem Kampf war ihm zwar zwischenzeitlich einmal eine Synode zu Willen und löste seine Ehe auf, doch widersetzten sich Papst und einige Bischöfe erfolgreich, so dass der König Theutberga 865 wieder aufnehmen musste. Mit Waldrada hatte er zwischenzeitlich einen Sohn namens Hugo, den Lothar aber nicht als seinen Nachfolger durchsetzen konnte. Nach Lothars Tod teilten sich seine Onkel Ludwig II und Karl III sein Herrschaftsgebiet; Hugo, der Sohn der Konkubine, unternahm immer neue Versuche, den Anteil seines Vaters in die Hand zu bekommen, bis er schließlich geblendet und in ein Kloster gesperrt wurde.

Heiratsverbote. Ein weiteres, besonders wirksames Instrument der Verwandtschaftsregulierung waren die christlich begründeten

Inzestverbote, die schon von den römischen Kaisern seit dem 4. Jahrhundert erlassen und sukzessive verschärft wurden. Schnell sind sie in den folgenden Jahrhunderten in weltgeschichtlich einzigartigem Maß ausgeweitet und im Zusammenspiel von Bischöfen und nachrömischen Königen forciert worden. Ihre Deutung bereitet insofern Schwierigkeiten, als die Eheverbote über Blutsverwandte hinaus nicht nur auf Heiratsverwandte ausgeweitet wurden (etwa Schwagerehen), sondern auch auf geistliche Verwandte (etwa Ehen zwischen Pateneltern desselben Kindes). Dieser über viele Jahrhunderte umfassend und vergleichsweise homogen betriebene Verbotsaufwand kann nicht plausibel erklärt werden mit Hinweis auf sozialpolitische (Friedenswahrung unter Bewohnern eines Hauses), machtpolitische (Einbau der Priester in die sozialen Vollzüge) oder besitzstrategische (Verhinderung von Erben) Interessen der Kirche. Der Impuls für die Verbote dürfte am ehesten aus der Mitte jenes Sinnuniversums kommen, das sich seit etwa dem 5. Jahrhundert in der institutionellen Struktur der Kirche manifestiert hat – einer zölibatären, sexualitätsfeindlichen und eben gerade nicht auf Verwandtschaftsstrukturen aufbauenden Institution kirchlicher Spezialisten. So deuten manche Forschungen die Eheverbote als Ausdruck der Angst vor Verschmutzung, also vor der Vermischung des Heiligen mit dem Sexuellen. Andere sehen darin ein Mittel gegen jene Ehe*ge*bote (etwa Cousinenehen betreffend), die Allianzen zwischen männlichen, ahnenorientierten Verwandtschaftsverbänden über Generationen durch immer neue Heiraten stabilisieren.

Ein Mädchen! Erhebliche Auswirkungen hatte das neue System auf den Umgang mit Frauen. Wenn eine vormoderne Gesellschaft nicht mit den genannten Techniken (Polygynie, Scheidung usw.) in die Reproduktion eingriff, dann blieben rund 20 Prozent aller Paare ohne Kinder und 40 Prozent ohne Söhne. Wenn wir aus Gesellschaften wie der fränkischen nie von Mädchentötung hören, und daraus schließen dürfen, dass es dieser Kultur weniger wichtig war als anderen, ob ein Junge oder ein Mädchen zur Welt kam, so liegt es nahe, dass die Schwächung der männlichen Verwandtenclans und das Ende des Ahnenkults zugunsten der unauflöslichen Ehe und der Kleinfamilie dafür verantwortlich sind. «*Ein* Gesetz gilt für Mann und Frau» – dieser Schlusssatz eines Gesetzestextes König Pippins, erlassen in seinem «öffentlichen Palast Compiègne» im Jahr 757, muss hier als Exempel ausreichen für eine zweifellos kompliziertere Geschichte.

Ein trilaterales System. Dieses auf die Ehe zentrierte Verwandtschaftssystem war – mit einer inzwischen verbreiteten Formel – ein trilaterales System, weil die *geistliche* Verwandtschaft (Patenschaft) das gleiche soziale Gewicht hatte wie *väterliche* und *mütterliche* Verwandten. Außerdem wurde in der Institution der Patenschaft die grundsätzliche Distanz der Kirche gegenüber der Fleischlichkeit immer wieder eingeschärft. Auch sei nochmals in Erinnerung gerufen (S. 61), dass die geistliche Verwandtschaft von großem diplomatischen Nutzen war.

«Lass die Toten ihre Toten begraben»: Der Umbau der Gedächtniskultur

Vom Familienvater (pater familias) zum überlebenden Ehegatten. Die Pflichten gegenüber den Toten hatten in der römischen Gesellschaft dem Familienvater (*pater familias*) oblegen. In seiner Verantwortung lag die Pflege der Ahnen männlicherseits. Die Kirchenväter hingegen hatten etwa seit dem Jahr 400 die hinterbliebenen Ehepartner mit den Gedenkpflichten betraut. Diese neuen Verantwortlichen der Totensorge übernahmen aber keineswegs die Aufgaben des mit dem Ende der römischen Gesellschaft untergehenden *pater familias*. Zum einen waren die Ehepartner nicht mehr wie der *pater familias* für die ganze Kette der männlichen Ahnen zuständig, sondern nur noch für die eigenen Gatten und Gattinnen. Wenn die oder der Überlebende starb, starb die eheliche Totensorge mit. Eheliche Totensorge war ausgesprochen endlich, nämlich gebunden an die hinterbliebenen Ehepartner und deren Lebensdauer. Zudem war die Gedenkpflicht der Eheleute füreinander nur ein Thema der Prediger, nicht aber der Gesetzgeber. Während die römische Gesellschaft einigen Rechtsaufwand betrieben hat, um die Fortführung der Aufgaben des *pater familias* unter allen Umständen zu gewährleisten (besonders durch das Rechtsinstitut der Adoption), hat die fränkische Kultur keinerlei Maßnahmen ergriffen, um die vom hinterbliebenen Ehepartner erwarteten Gedächtnisdienste sicherzustellen. Nirgends und zu keiner Zeit wurde etwas dagegen getan, dass viele Witwen und Witwer ihren Aufgaben nicht nachkamen und stattdessen erneut heirateten.

Diese um 400 theologisch konzipierte und in der fränkischen Gesellschaft etablierte Form der ehelichen statt familienväterlichen, auf Gatten statt auf die Ahnen bezogenen und kaum bindenden Totensorge erhellt schlaglichtartig, dass nicht mehr Abstammung, sondern das lebenslang verbundene eheliche Paar im Zentrum der Aufmerksamkeit und der verwandtschaftlichen Ordnung stand. Ahnen dienten auch kaum noch als politisches Kapital. «Aristokratische Konkurrenz», um mit Walter Pohl zu sprechen, «scheint sich nicht auf attraktive Vorfahren gestützt zu haben».

Als zentrale Institution des politischen und sozialen Systems hatten die Ahnen ausgedient. Mit dem Ahnenkult – der Bindung der Lebenden an ihre Vorfahren – hatten die Architekten der neuen Gesellschaft eine Institution zerstört, die in den meisten anderen Kulturen – im Römischen Imperium ebenso wie in den islamischen Gesellschaften oder in China – als die mächtigste Beharrungskraft wirkte.

Totensorge wird Spezialistenaufgabe. Sogleich mit ihrer Christianisierung inmitten der alten romanischen Gesellschaft sind die eingewanderten Franken mit einer gut funktionierenden Form der Totensorge bekannt geworden, die auf der kirchlichen Infrastruktur, nicht aber auf Verwandtschaft gründete. Man organisierte Gedenken nicht mehr in der Logik von Ahnenverbänden, sondern von Gemeindemitgliedern, und die institutionalisierten Akteure dieses Gedenkens waren nicht Familienväter, sondern Priester, also ausgebildete ehelose Spezialisten, deren Profil gerade nicht durch Verwandtschaftsbeziehungen definiert war. Fortan hatten die Belange der Toten keinen institutionalisierten Platz mehr unter den Aufgaben einer Verwandtengruppe. Auf keiner verwandtschaftlichen Rolle lastete die institutionalisierte, durch Recht (*ius*) oder Brauch (*mos*) gesicherte

Verpflichtung der Totensorge. Die Sorge für Verstorbene oblag fortan Klöstern und Kirchengemeinden, also spezialisierten Institutionen, in denen nur Ehelose arbeiteten. Diese professionellen Spezialisten waren lebende Gegenentwürfe zum Konzept der leiblichen Verwandtschaft. Verwandte *konnten* sich zwar – durch Gebet und Messspenden – zum Wohl eines Verstorbenen engagieren (und taten es auch oft), *mussten* es aber nicht.

4. Kulturen des Wissens: Eine Buchgesellschaft

Die römische Mittelmeerkultur, an deren nördlichen Rändern einige Generationen lang auch fränkische Einwanderer gelebt hatten, war eine Buch- und Schriftkultur. Von deren literarischer Produktivität können wir heute nur zehren, weil die nachrömische Kultur, um die es hier geht – eben die fränkische – gleichfalls eine Buch- und Schriftkultur war. Große Teile der römischen Schriftproduktion, die wir heute noch kennen, sind nur durch die Abschreibe- und Sammelmanie der fränkischen Schreibkundigen und Gelehrten des 8. und besonders 9. Jahrhunderts auf uns gekommen. Sosehr die «ethnologische Wende» der Forschung in den 1980er Jahren den Blick für die mündlichen Aspekte geschärft haben mag: Die fränkische Welt verließ sich auf Urkunden und Güterverzeichnisse, speicherte ihr Wissen in Büchern und hatte ein politisches System etabliert, das existenziell auf Bücher angewiesen war: Ohne Bußbücher, Gebetbücher, Gesangbücher oder Zeitrechnungsbücher war keine Politik möglich (vgl. S. 86).

Von der Buchrolle zum Buchkodex

Das Ende des Papyrus in Gallien. Gegen 600 hat in Paris eine wohlhabende Frau ihr Testament gemacht. Eine Abschrift aus derselben Zeit ist erhalten und hat durch einen (für solche Glücksfunde typischen) Umstand überlebt: Man hat die Rückseite für einen derart wichtigen Text benutzt (einen – gefälschten – Papstbrief), dass das Objekt bis heute fast intakt erhalten geblieben ist. Wichtig ist diese rund 145 Zentimeter lange und 35 Zentimeter breite Abschrift wegen des Schriftträgers – Papyrus

(Abb. 12). Exemplarisch mag dieses Objekt hier zeigen, dass es um 600 noch normal war, zumindest für Rechtsdokumente und Verwaltungsschriftgut Papyrus zu verwenden. Wie seit Jahrhunderten gewohnt, kam der Beschreibstoff auf dem Seeweg aus Ägypten. In dieser Hinsicht war diese postimperiale Gesellschaft an der Schwelle zu den neuen, fränkischen Welten noch ganz römisch. Seit dem 4. Jahrhundert hatte sich zudem der Buchkodex mehr und mehr durchgesetzt, neben dem Papyrus.

Doch im 7. Jahrhundert versiegte der Papyrusnachschub in die nordalpinen Gegenden. Lange hat die Forschung dafür die Araber verantwortlich gemacht, die seit dem frühen 7. Jahrhundert Ägypten und die nordafrikanische Küste, schließlich Spanien erobert hatten und dadurch, so glaubte man, den Nachschub abgeschnitten hätten. Aber ein Blick nach Italien zeigt, dass es anders gewesen sein muss. Denn in Italien gab es noch für Jahrhunderte Papyrus, besonders die Päpste bedienten sich dieses Schreibstoffes. Schuld waren nicht die Araber, sondern die Händler. Der Seehandel war im 6./7. Jahrhundert, mangels geeigneter Schiffe, weitgehend zusammengebrochen, und es lohnte sich nicht, den Papyrus über Land nach Gallien zu bringen.

Eine neue Kulturtechnik. Alle Gesellschaften, die aus dem römischen Imperium hervorgegangen sind, teilten das Erbe der mediterranen Buchkultur. Überall in den Städten – in Bibliotheken der Villen ebenso wie der öffentlichen Gebäude – lagerten Zeugnisse römischer und griechischer Dichtkunst und Gelehrsamkeit, Rechtsprechung und Politik. Sie hatten dort in großer Zahl in Buchrollen aus Papyrus überdauert. Bücher waren in der römischen Mittelmeerwelt lange Buchrollen. Man blätterte also nicht hin und her, sondern rollte.

Die Buchrolle aus Papyrus konnte zwar lang sein, aber sie fasste weit weniger Text als jener Beschreibstoff, den wir seit dem 6. Jahrhundert besonders gut kennen, nämlich die zu Pergament verarbeitete und dann zum Buchkodex gebundene Tierhaut. Der Wechsel vom Papyrus zum Pergament, der zwischen dem 5. und dem 7. Jahrhundert vollzogen wurde, war nicht nur ein Materialwechsel, sondern zugleich ein Wechsel in der Art, wie man mit Text umging. *In-Rollen-Denken* funktioniert anders

Abb. 12: Das Testament der Ermintrude, einer wohlhabenden Frau aus Paris, ist etwa im Jahr 600 kopiert worden auf ein 145 x 35 Zentimeter großes Stück Papyrus; Paris, Archives Nationales.
Um 600 war es noch normal, Gebrauchstexte wie ein Testament, aber auch vieles andere, auf Papyrus zu schreiben. Wie seit Jahrhunderten kam es immer noch auf dem Seeweg aus Ägypten. Doch gegen 700 blieb der Nachschub aus, und man war fortan auf Tierhäute angewiesen, aus denen man das (viel teurere) Pergament anfertigte – eine zwar schon sehr alte, sich aber erst jetzt durchsetzende Kulturtechnik.

als *In-Kodizes-Denken,* etwa weil sich der Kodex als Nachschlagemedium eignet. Ein Kodex muss nicht jedes Mal von vorne aufgerollt werden, sondern erlaubt Quereinstiege. Die Zerteilung des Textflusses in einzelne Segmente in Gestalt eines Diptychon (also einer Doppelseite, griechisch: doppelt gefaltet), wie es jede aufgeschlagene Textseite darbietet, veränderte auch die Text-Bild-Bezüge. Im «Papyrusstil» (um mit Kurt Weitzmanns breit rezipierter Unterscheidung zu sprechen), gehörte das Bild zum Text und hatte diesen wiederzugeben; erst im Kodex konnte sich das Bild vom Text befreien, Seiten und Doppelseiten füllen, so dass der «Kodexstil» zum Wand- und Tafelbild aufschloss. Auch gelang es nur mit dem Kodex, die ganze Bibel in einem einzigen Band zu vereinen und halbwegs handliche Arbeitsbibeln zu erstellen. Anscheinend, der Forschung folgend, muss man sich die Zeit des 5. bis 7. Jahrhundert als eine Zeit der Krise des Buches, eine Zeit des Medienwechsels und geringer Buchproduktion vorstellen. Seit dem späten 8. Jahrhundert ist an den fränkischen Höfen die erste große Bewegung erkennbar, deren Vertreter die Möglichkeiten der schon einige Jahrhunderte alten, seit etwa 700 aber alternativlosen Kulturtechnik des Buchkodex aus Pergament umfassend eingesetzt haben.

So förderte ein ökonomischer Engpass eine neue Kulturtechnik. Dies freilich geschah nicht von selbst. Das Versiegen des Papyrus fällt – zeitlich jedenfalls – zusammen mit einer Krise des Buches und der Schreibkunst. Die Art der Buchstaben-, Wort- und Seitengestaltung hatte die Lektüre mühsam gemacht; grammatische und orthographische Fehler häuften sich bisweilen bis zur Unverständlichkeit des Textes. Erst seit der zweiten Hälfte des 8. Jahrhunderts ist durch massives Engagement der fränkischen Könige, ihrer Intellektuellen und Tausender Nonnen und Mönche mit hoher Schreibfertigkeit und Disziplin der engagierte und mehrere Generationen dauernde Aufbau einer Infrastruktur gelungen, die Voraussetzung war für eine blühende Buchkultur. Damit einher ging die Herausbildung und Förderung einer inneren Haltung zum Buch, die den Umgang mit dem Buchkodex zur vielleicht wichtigsten Kulturtechnik der lateinischen nachrömischen Geschichte gemacht hat.

Die Bildungs- und Bücherkampagne

Kein Seelenheil ohne gute Bücher. Wenn das Wohl des Königs und des ihm anvertrauten *populus Christianus* an Gottgefälligkeit und Gottesdienst hingen, wenn die dringlichste Aufgabe des fränkischen «Königs und Priesters» (S. 88) der vom Königshof organisierte und überwachte «Loskauf» (S. 98–100) des «christlichen Volkes» von der Sündenschuld war, dann zog diese Aufgabe viele andere nach sich. Insbesondere musste die Korrektheit des Gottesdienstes gewährleistet sein, also der Gebete, der vorgetragenen Bibelstellen, des rituellen Ablaufs, des Gesangs, der Termine im Kirchenjahr, der Weihen, des Umgangs mit heiligen Gegenständen, die klare Unterscheidung heiliger Gegenstände (wie Reliquien oder konsekrierter Hostien) von nicht heiligen Gegenständen (wie Bildern mit kirchlichen Themen, vgl. S. 116) und so fort. Nur wenn dies alles gewährleistet war, konnte man hoffen, mit Gottes Hilfe Schlachten zu gewinnen, Missernten oder Krankheiten zu vermeiden und Kinder zu bekommen, die ihre Eltern überlebten.

Existenziell angewiesen war dieses Sinn- und Handlungsuniversum auf Bücher für den Gottesdienst und die liturgischen

Vollzüge – auf ausreichende und korrekte Textgrundlagen, ebenso auf eine verbreitete Fähigkeit, mit diesen umzugehen. Seit der zweiten Hälfte des 8. Jahrhunderts und durch das gesamte 9. Jahrhundert haben die Königshöfe zusammen mit Klöstern und Bischofssitzen eine umfassende Bildungs- und Bücherkampagne orchestriert. Karl der Große hat in einigen Edikten («Allgemeine Ermahnung» 789, «Brief zur Pflege der Bildung» etwa 800, «Allgemeiner Brief» an die Lektoren der Kirchen gegen 800) Leitvorstellungen artikuliert. «Schon vor langer Zeit haben wir – stets mit Gottes Hilfe – alle Bücher des Alten und Neuen Testaments (*veteris ac novi instrumenti*), die durch die Unwissenheit der Schreiber verunstaltet waren, aufs genaueste korrigiert.» Schon sein Vater Pippin habe «alle Kirchen Galliens mit dem Gesang in römischer Tradition ausgestattet». Denn allein mit der richtigen Lebensweise sei es nicht getan: «Wer Gott gefallen will durch richtige Lebensweise, der soll nicht vernachlässigen, ihm auch durch richtiges Sprechen zu gefallen. [...] Zwar ist es besser zu handeln als zu wissen, aber das Wissen kommt vor dem Handeln.» Dazu ordnete der König 789 die nötige Infrastruktur an: «Dass Leseschulen für Knaben entstehen mögen. Psalmen, *notae* [unklar: Kurzschrift, Schreiben oder Notenschrift], Gesang, *computus* [Zeitrechnung und allgemein Rechnen], Grammatik und die katholischen Bücher sollen in jedem einzelnen Kloster und Bischofssitz sorgfältig verbessert werden. Denn oft, wenn manche Gott auch gut bitten wollen, bitten sie doch schlecht wegen der unverbesserten Texte.» Die Arbeit an den wichtigsten Texten sollte nicht Unerfahrenen und Unreifen übertragen werden: «Wenn das Evangelium, der Psalter oder das Messbuch abgeschrieben werden muss, dann sollen nur Männer im perfekten Alter mit aller Sorgfalt schreiben.»

Kurz, die wichtigsten politischen Aufgaben waren «Reparieren», «Wiederherstellen» und «Erneuern» der Texte, «Verbessern der Fehler, Streichen des Überflüssigen und Fördern des Richtigen». Wer das Seelenheil des *populus Christianus* anstrebte, musste anständig Latein können.

Expertenapparat. Ohne einen Apparat an hochgebildeten Experten wäre diese Kampagne zum Scheitern verurteilt gewesen.

Die Experten kamen von weit her: Karls des Großen enger Berater Theodulf (Abt von Fleury und Bischof von Orléans) war ein gotischer Flüchtling aus dem inzwischen islamischen Spanien; Alkuin (Motor der Bücher- und Bildungskampagne und zentrale intellektuelle Figur am Hof) war ein Angelsachse aus York; Dungal (den der Königshof zum Leiter der Schule in Pavia bestellte) war wohl ein aus Irland ausgewanderter Mönch; Paulus Diaconus kam aus dem langobardischen Italien an den fränkischen Hof, ebenso der Grammatiker Petrus von Pisa. Einige Einheimische waren auch darunter – so Einhard (Autor, Bauleiter und zentraler Hofmann Karls des Großen), Lupus (der Abt von Ferrières), Hrabanus (der Abt von Fulda und Erzbischof von Mainz) und sein Schüler Walahfried «der Schielende» (*Strabo,* Abt des Klosters Reichenau), Hiltibald (Erzbischof von Köln und «Erzbischof des heiligen Palastes» in Aachen).

Ausleihen – korrigieren – abschreiben – aussortieren. Dramatisch war der Übergang vom Papyrus zum Pergament insbesondere für die Überlieferungschancen der alten römischen Texte. Was nicht übertragen wurde, ging verloren. In diesem Sinne verdanken wir den Experten jener Zeit einen Gutteil des Schrifttums aus römischer Zeit. Sie waren es, die entschieden haben, was sie abschrieben (und damit retteten) und was nicht. Mit großer Anstrengung und Systematik wurde an der Verbesserung der Standards gearbeitet. Systematisch wurden «authentische» Texte herbeigeschafft, bevorzugt aus Rom. Die Texte wurden akribisch korrigiert, zu Mustertexten erklärt und am Hof zum Abschreiben bereitgestellt. Dies betraf zunächst einen gültigen und verbindlichen Bibeltext, ferner autoritative Bücher für die richtige Messliturgie, die Predigt, den Gesang der lateinischen Liturgie, das Kirchenrecht, ferner die Klosterregel des heiligen Benedikt. Dass die Anstrengungen Erfolg hatten und die Musterexemplare tatsächlich kopiert und weit verbreitet wurden, lassen die erhaltenen Handschriften noch erkennen.

Selbst wenn man in Rechnung stellt, dass die Buchproduktion (besonders von Buchrollen auf Papyrus, aber auch von Buchkodizes auf Pergament) des 6. und 7. Jahrhunderts weitgehend verloren gegangen ist, ist nicht zu übersehen, dass die Buchproduktion des 8. und 9. Jahrhunderts um ein Vielfaches höher gewesen sein muss. Die Zahlen, die derzeit in vielen Studien wiederholt werden, sind beeindruckend: Aus der gesamten Zeit der westlichen, lateinischen Geschichte bis zum Jahr 800 sind insgesamt nur rund 1800 Manuskripte oder Fragmente erhalten geblieben, viele davon sind im 8. Jahrhundert entstandene Kopierarbeiten älterer Texte. Dagegen sind allein aus dem 9. Jahrhundert über 9000 Manuskripte erhalten. Nur wenige davon enthalten Werke, die in diesem Jahrhundert entstanden sind. Die große Mehrzahl sind Kopien alter römischer Werke (Vergil, Sallust, Cicero usw.) aus allen möglichen Textgattungen (Grammatik, Dichtung, Recht usw.), früher kirchlicher Autoren (Augustinus usw.), einzelner Bücher der Bibel und anderer Texte für den Gottesdienst.

Viele Einzelheiten vermitteln einen Eindruck von der Kopier-, Korrigier- und Sammelbesessenheit jener Zeit. Der «Palasterzbischof» Hiltibald hat vielen Büchern (die noch heute in der Bibliothek seiner Kölner Kirche lagern) einen Besitzvermerk eingeschrieben: «Kodex des heiligen Petrus, geschrieben unter dem frommen Vater Erzbischof Hiltibald». Bisweilen haben Schreiberinnen ihre Arbeit signiert, etwa in Werken aus derselben Bibliothek: «Dies hat Adruhic geschrieben» oder «Dies hat Gisledrudis geschrieben». Das Frauenkloster Chelles bei Paris, in dem man diese beiden Frauen vermutet, scheint ein Zentrum für kompetente Reproduktion von Handschriftenkodizes gewesen zu sein. Die Schwester Karls des Großen war dort Äbtissin, seine Tochter Nonne; eng war der Kontakt zu den Hofintellektuellen. Auch der rege Leihverkehr, ohne den man die Bücher nicht verbessern konnte, hat Spuren hinterlassen, etwa in einem Brief des Abtes Lupus aus Ferrières, der von Einhard leihweise Bücher erbat, unter anderem «Ciceros Buch über die Rhetorik, das ich zwar habe, aber größtenteils fehlerhaft».

Lesbare Buchstaben. Lupus, der Abt des Klosters Ferrières, wollte um die Mitte des 9. Jahrhunderts die Schriftqualität dessen, was seine Schreiber produzierten, verbessern und wandte sich brieflich an Einhard: «Man sagt, dass Bertcaudus, der Schreiber (*scriptor*) des Königs, die vorgeschriebene Form der alten

Buchstaben besitzt, besonders von denen, die ganz groß sind und von manchen *Uncialen* genannt werden. Wenn diese bei Euch sind, schickt sie mir bitte mit dem Maler (*pictor*), wenn dieser zurückkehrt.» Es gab also neben den Mustertexten auch Vorschriften zur Buchstabengestaltung. Nicht nur die Form wurde vorgeschrieben, auch gab es erst von dieser Zeit an Abstände zwischen den Wörtern. Der «Maler» des Lupus mag als Beispiel für den Expertenverkehr in Sachen Musterkodizes am Hof genügen.

Ein Riesenarchiv nicht christlichen Denkens. Vergils *Georgica* und *Aeneis,* Liebesgedichte und die *Metamorphosen* des Ovid, viele Werke Ciceros, die *Kategorien* des Aristoteles und Platons *Timaios* in lateinischen Übersetzungen, Livius, medizinische Traktate des Galen, viele astronomische und mathematische Werke, Gedichte von Lucan oder Horaz und anderen alten Poeten, Werke zur lateinischen Grammatik – die karolingischen Kopierzentren haben das ganze Spektrum der «heidnischen» Autoren in ihre Kodizes übertragen. Die Hofintellektuellen begannen mit der Formierung eines Lesekanons, der sich nicht zuletzt in den Bibliothekskatalogen jener Zeit abbildet. Erstaunlich gelassen ging man damit um, dass diese Werke zu falschen oder unschicklichen Gedanken hätten verleiten können, jedenfalls sehr wenig mit christlichen Vorstellungen von Heilsgeschichte, Schöpfung usw. zu tun hatten. Um 400 hatte Hieronymus sich im Traum von Gott als Ciceronianer tadeln lassen müssen und darauf seine Cicero-Schriften verbrannt. Die fränkischen Hofintellektuellen, die im 8. und 9. Jahrhundert fasziniert waren von all diesen vorchristlichen Autoren und sie emsig abschrieben, wurden anscheinend von Gott im Schlaf in Ruhe gelassen. Lupus, der Abt von Ferrières, wusste, dass es in Einhards Bibliothek ein Exemplar der «Attischen Nächte» des römischen Schriftstellers Aulus Gellius gab, eine kommentierte, bunt zusammengestellte Zitatensammlung von rund 275 Schriftstellern aus sehr verschiedenen Wissensgebieten. Derartige «Blütenlesen» (Florilegien) schätzte man besonders, weshalb Lupus sich dieses Buch bei Einhard ausgeliehen hat.

Mit dieser riesigen, sehr weit verbreiteten Ansammlung eines alten Wissens, das man im Rückblick als «nicht systemkonform» bezeichnen kann, haben die fränkischen Politiker, Intellektuellen und Gelehrten einen Grundstein intellektueller Produktivität gelegt. Sie haben sichergestellt, dass jeder Gang in eine Bibliothek, jedes Blättern in einer Sammelhandschrift, jedes Herausziehen eines verstaubten Kodex in einer bestürzenden Überraschung enden konnte, in der Entdeckung von Gedanken oder gar Denkgebäuden, die im christlichen Sinnuniversum nichts zu suchen hatten, die auf gefährliche Wege oder in tiefe Zweifel führten.

Kodifizierung der Sprache und der Schrift

Sprache ist stets ein Politikum, dies gilt auch in der fränkischen Kultur, in der die Könige sich fast ausschließlich für das Lateinische engagierten. Als die Karriere der fränkischen Könige begann, waren diese Könige im Grunde Gallier; sie waren in den gallo-römischen, lateinischen politischen Apparat hineingeboren worden, darin aufgewachsen und sprachen Latein. Sie behielten das Lateinische in Literatur und Politik als Schriftsprache in der gleichen Weise bei, wie sie den politischen Apparat übernahmen, der ihnen geboten wurde (S. 30). In Irland wie in England hingegen sind neben dem Lateinischen seit dem 6. und 7. Jahrhundert auch die Volkssprachen als Schriftsprachen standardisiert, in England im 9. Jahrhundert sogar massiv gefördert worden. Die Franken aber, besonders Karl der Große und seine Nachfolger, haben nur in die Förderung des Lateinischen investiert, kaum einmal finden wir Hinweise für die Förderung von Volkssprachen. Weshalb? Man mag auf die Genese der fränkischen politischen Welt ganz im Rahmen der lateinischen Gesellschaft verweisen oder auf das seit den 750er Jahren (S. 56) besonders wichtige Bündnis mit den Päpsten, ebenso darauf, dass der Gottesdienst, wie schon skizziert (S. 98), Kern des Politischen war.

Mit den «authentischen» Texten meinten die Intellektuellen auch im Hinblick auf die Bibel den lateinischen Text, obgleich ihnen klar war, dass die lateinische Bibel eine Übersetzung war. Hin und wieder sehen wir die Autoren auf die Originaltexte zugreifen, etwa wenn der westgotische Flüchtling Theodulf einen zum Christentum konvertierten Juden hinzuzieht, um eine Bibelstelle am hebräischen Original zu prüfen. Jedem Bibeltext war das Wissen um die Ferne der eigenen Kultur vom Zentrum des Denkuniversums – von Jerusalem – eingeschrieben (vgl. S. 11).

Die Kodifizierung des Lateinischen im Vergleich. Die besondere Konzentration auf das Lateinische hatte einerseits zur Folge, dass die Gebildeten in Europa sich überall verstanden und die kanonischen Texte lesen konnten. Es hatte aber auch zur Folge, dass das bis dahin in Gallien, Spanien oder Italien als Muttersprache benutzte und in regionalen Dialekten als Spontansprache ständig veränderte Latein nun rücktransformiert wurde in seine ‹klassische› Gestalt und in dieser gewissermaßen gefror. Als eine solche überall verständliche, aber fixierte Sprache, stand sie dem gesprochenen Latein als veränderbarer Spontansprache gegenüber und förderte so die Entstehung der romanischen «Volkssprachen».

So außergewöhnlich die Leistung der Kodifizierung des Lateins erscheinen mag, sie war zu jener Zeit nicht singulär. Zur gleichen Zeit wurde auch im Osten des römischen Imperiums, in Konstantinopel, die Sprache des Kultes – das Griechische – kodifiziert, auch das Arabische wurde zu ebenjener Zeit als Hochsprache fixiert. In allen drei Kulturen bedeutete dies Zweisprachigkeit, die Trennung der Hochsprache von der Spontansprache.

Die Befreiung der Kunst

«Sie beten die Wände an». In den Jahrzehnten, in denen der fränkische Hof seine Bücher- und Bildungskampagne forcierte, wurden zugleich entscheidende Weichen gestellt für die Kunstgeschichte im lateinischen Europa. Wie anders diese hätte verlaufen können, sieht man im Bereich der griechischen Kirche. Dort war Bildproduktion für viele Jahrhunderte ein Medium zur *Traditionsstabilisierung,* während sie in der lateinischen Welt – mit Wucht seit dem 15. Jahrhundert – ein Medium der *Überschreitungserprobung* wurde. Im Bild ertastete man das Überschreiten von Traditionen, Regeln, Konventionen. Den entscheidenden Impuls für diese Gestaltungsfreiheit der Maler und Bildschnitzer gab der fränkische Hof. Jene schon kurz beschriebene (S. 112) erstaunliche Ansammlung von Intellektuellen um Karl den Großen und seine Nachfolger hat gegen Ende des 8. Jahrhunderts einen überaus selbstbewussten intellektuellen Angriff auf die Kaiser am Bosporus und die dortige Kirche gestartet: «Sie beten die Wände an und die gemalten Tafeln (*tabulas*)», befand eine mit dem Namen Karls des Großen signierte Kampfschrift, die gegen dieses *scandalum* auf fast 500 Pergamentseiten alle erdenklichen theologischen und logischen Register zog. Im Jahr 793 wurde der Text dem Papst vorgelegt. Der geplante große Auftritt scheiterte kläglich: Der Papst schlug sich auf die Seite der Kaiser am Bosporus, der fränkische Hof ließ den Text in der Bibliothek verschwinden und beschränkte sich auf knappe Proteste in einigen Edikten. Erst nach 1500, als man im Zuge der Reformation wieder über den Gebrauch von Bildern in Kulträumen stritt, wurde der Text Karls des Großen gegen die griechische Kirche wieder hervorgezogen und abgeschrieben; noch 1550 stand ein Exemplar aus fränkischer Zeit im Vatikan «im Raum mit den verbotenen Büchern». Es wurde 1559 ins Gebäude der Inquisition gebracht, wo es wohl noch im selben Jahr bei Unruhen verbrannte.

Die ganze Last des politischen Systems auf dem Bild. Karls Streitschrift hatte eine sehr empfindliche Stelle im politischen System und in den Erlösungsvorstellungen des Ostens getroffen. Dort sprach man den Bildern und Statuen Heilswirkung zu. So hatte sich in langen Auseinandersetzungen zwischen «Bilderfreunden» und «Bilderfeinden» eine Praxis durchgesetzt, etwa das Küssen der Objekte, die sich als Anbetung der Bilder und Statuen deuten ließ. Dieser Glaube galt (mit den Worten eines oströmischen Autors des 7. Jahrhunderts) Bildern «der nicht gemalten Malerei», also Bildern, «die Menschenhände nicht malten». Christus «nahm einst ohne Samen und jetzt ohne Malerei Gestalt an». Man hielt diese Objekte der Anbetung also für ein «echtes Bild» – eine *vera icon,* eine Ikone – Christi.

Die Kaiser haben sich die Präsenz der heilbringenden «Gestalt ohne Malerei» auf Holz zu Nutze gemacht. Seit dem 7. Jahrhundert setzten sie im Krieg auf das Mitführen und strategische Positionieren von Ikonen. Wir wissen dies etwa von Kaiser Heraclius' († 641) Krieg gegen die Perser oder von der Verteidigung Konstantinopels im Jahr 626 gegen die Awaren: «Du eiltest zur Stadtmauer und hieltest ihnen (den Awaren) standfest das furchterregende Bild der nicht gemalten Malerei entgegen». Seit dem Ende des 7. Jahrhunderts zierte ein ganz bestimmter, leicht als «echtes Bild» zu identifizierender Typus des Christusbildes die Münzen der Kaiser (Abb. 13). Bis zum Ende des Römischen Imperiums im 15. Jahrhundert ließen die Kaiser am Bosporus solche Münzen prägen. So waren diese Bilder zwangsweise ein Politikum. Die Kaiser hatten das Bild Christi zum Herrschaftszeichen gemacht, und der Heilsweg aller Gläubigen führte über materiale Objekte, die man küssen und verehren konnte. Es wäre erstaunlich, wenn die Kaiser und Patriarchen die Gestaltung solcher Bilder der Gestaltungsfreiheit eines Bildschnitzers, Freskenmalers oder Handschriftenzeichners überlassen hätten, und sie haben es ihnen auch nicht überlassen. Auf dem hölzernen, bemalten Objekt, das man hochhob, vor dem man niederfiel, das man küsste, lastete im Raum der griechischen Kirche das ganze Gewicht des Erlösungsdenkens und das politische Schicksal des Kaisers.

Befreit vom Gewicht der Politik und der Heilsrelevanz. Der fränkische Hof seit Karl dem Großen hat nicht nur lautstark protestiert gegen die «Bildanbetung» der griechischen Kirche, er hat zugleich eine radikal andere Bildpolitik betrieben: «Bilder sind nicht mit den Reliquien der Märtyrer und Bekenner gleichzusetzen». Denn «Bilder fallen nach dem Kunstverstand und der Kunstfertigkeit des Handwerks einmal schön, ein anders Mal hässlich aus. [...] Sie haben weder gelebt, noch werden sie auferstehen, sondern, wie man weiß, werden verbrennen oder zerfallen». Kurz, sie sind *opificia* – gemachte Sachen, schöne oder hässliche Kunstwerke, von Menschenhand «aus unreiner Materie» gefertigt.

Härter konnte man nicht attackieren. Drastischer konnte man die Bilder Christi, Mariens und der Heiligen nicht profanisieren. Natürlich gehörten Bilder in der fränkischen Welt zur Frömmigkeitskultur, aber sie waren kein Weg zum Heil, und vor allem: Niemals haben die Könige sich so eng an die Christusgestalt gebunden wie die Kaiser in Konstantinopel. Die revolutionäre neue Kriegstechnik dieser Kaiser, den Einsatz von Ikonen in der Schlacht und zur Stabilisierung der Stadtmauer, haben die Franken nicht kopiert. Selbst dass man Reliquien mit in die Schlacht genommen hätte, hat kaum einmal ein Autor erzählt.

Abb. 13: Münzen der römischen Kaiser (Konstantinopel, 7. und 9. Jahrhundert)

Die römischen Kaiser am Bosporus ließen seit Ende des 7. Jahrhunderts Münzen herstellen mit der Christusikone (der «nicht gemalten Malerei, die Menschenhände nicht malten»). *Links:* Die Münze, eine der frühesten dieser Art, ist unter Justinian II. (685–695) entstanden. Eine Seite zeigt Christus, die andere den Kaiser. Bis zum Ende des Römischen Imperiums im 15. Jahrhundert wurden Münzen dieser Art hergestellt. *Rechts:* Das Beispiel stammt aus dem 9. Jahrhundert – die Christusikone auf der einen Seite, der römische Kaiser Michael III. (842–867) und seine Frau Theodora auf der anderen. Später nutzte man in Konstantinopel als Alternative auch das Bild des thronenden Christus. Die fränkischen Herrscher müssen diese Münzen gekannt haben, orientierten ihre Bildnisse aber weiterhin an vorchristlichen Typen kaiserlicher Münzen und Monumente (Abb. 1, 9, 10). Bilder Christi auf Münzen gab es nicht.

In der fränkischen Welt ging es um die «Begabung der Künstler» (*ingenium artificum*) und die «Qualität des Materials», um «wertvoller» oder «billiger», «schön» oder «nicht schön», «ähnlich» oder «unähnlich», «glänzend neu» oder «vom Alter abgenutzt», kurz, um Kategorien künstlerischen Schaffens. Wenn in diesem Umfeld ein Christus gemalt wurde, ging es um andere Fragen als in Konstantinopel, etwa um neue Bildideen für das, was man mit der Bücherkampagne erreichen wollte. Überhaupt ging es immer wieder um neue Bildideen. Während Christus in der griechischen Welt eine «gottgemalte Gestalt» (*theographos typos*) in enger Verbindung mit den Kaisern war, also hoch politisch, konnten die fränkischen Herrscher und Bischöfe die Gestalt Christi auf Bildern, Wänden oder an Kreuzen gelassen zur Kenntnis nehmen und gewissermaßen dem Lauf der Kunst überlassen. In einen von Menschenhand gemalten Christus investierten sie keine politische Energie. Was sie damit freisetzten und aktiv förderten, war eine an Überschreitung und Erfindung orientierte Kunstproduktion.

Die Karriere der Musik

Der knappe Raum erlaubt nur wenige Worte zur Musikpolitik jener Zeit. Wie für die Kunstgeschichte, so hat der fränkische Hof des 8. und 9. Jahrhunderts auch für den Fortgang der Musikgeschichte eine Schlüsselrolle gespielt.

Theodulf zitiert die Bibel falsch. Zumindest bei einem besonders beeindruckenden Intellektuellen aus der Zeit Karls des Großen, Theodulf, haben wir den Beweis für eine Technik, die wir generell dem damaligen gelehrten Betrieb unterstellen: Dieser hochgelehrte Autor konnte ein riesiges Repertoire an Bibelstellen auswendig und konnte daraus jederzeit wörtlich aus dem Gedächtnis zitieren. Wir können dies nachweisen, weil er andauernd den falschen Text zitiert hat, einen Bibeltext, den es im fränkischen Raum nie gegeben hatte. Der Intellektuelle war nämlich aus Spanien an den Hof König Karls geflohen und hatte sich am Hof als führender Kopf etabliert. Sein Bibelwissen hatte er in Spanien erlernt. Nicht nur, dass man dort eine andere Bibel hatte (der vereinheitlichte Bibeltext der sogenannten *Vulgata* hatte sich dort noch nicht durchgesetzt), es war nicht einmal dieser ‹altlateinische› Bibeltext, den er auswendig konnte. Es war jener Text, den man ein bisschen umgearbeitet hatte, damit man ihn in Spanien singen konnte. Man lernte diese Bibeltexte singend. Sein Leben lang hat Theodulf solche in Spanien für Gesangszwecke umgearbeitete Versionen des Bibeltextes zitiert. Wir wissen davon, weil er auswendig zitiert hat, als er im Namen Karls des Großen die bildtheoretische Kampfschrift gegen die «Griechen» in Konstantinopel geschrieben hat. Ein gewissenhafter Korrektor hat all seine falschen Erinnerungszitate später in einem bis heute erhaltenen Manuskript ausradiert und verbessert.

Was sich bei Theodulf beobachten lässt, verweist auf den Antrieb für die Anstrengungen zur Standardisierung der Musik. Es ging auch hier um die Liturgie, um den richtigen Gottesdienst, der sich mit Hilfe der Musik leichter memorieren ließ. In der Zeit der großen Reformanstrengungen des 8. und 9. Jahrhunderts widmeten sich die Gelehrten auch dem Gesang. Das Repertoire des kirchlichen Gesangs wurde standardisiert, eine Musiktheorie entstand, und es wurde eine präzise Notenschrift erfunden. Ein im 9. Jahrhundert verfasstes, anonym überliefertes «Handbuch der Musiklehre» (*Musica enchiriadis*) fand im ganzen lateinischen Westen in Hunderten von Exemplaren Verbreitung.

5. Ökonomische Verhältnisse: Betriebssysteme und Arbeitsorganisation

Mit den folgenden Bemerkungen können nur in wenigen Grundlinien die ökonomischen Eigenheiten der fränkischen Welt skizziert werden. Der Blick auf die ökonomischen Verhältnisse lässt eine Reihe umfassender, nachhaltiger Veränderungen erkennen, die sich binnen weniger Generationen ereignet haben und in genau jener Region – zwischen Rhein und Seine – initiiert wurden, die wir als fränkischen Kernraum fassen: Es geht dabei um den Anbau neuer Getreidearten (Roggen und Hafer), die Einführung einer neuen Art der Feldbestellung (Dreifelderwirtschaft), die Erfindung neuer Werkzeuge (Wendepflug, vertikale Wassermühle), neue ökonomische Strukturen (Grundherrschaft) sowie besonders die Auswirkungen der neuen ökonomische Strukturen auf die von der landwirtschaftlichen Produktion abhängigen Gewerbe. Michael Mitterauer hat auf dieses Bündel sich gegenseitig beeinflussender Veränderungen und ihre für die europäische Geschichte bahnbrechenden Folgen unter dem Schlagwort «Warum Europa?» (2003) aufmerksam gemacht. Die Veränderungen wurden von den fränkischen Königen und ihrem Stab einerseits gesetzgeberisch forciert, andererseits für die Nutzung des eigenen Besitzes (und damit der eigentlichen Machtbasis) eingesetzt. Die zentralen wissenschaftlichen Leitworte für diese Transformation sind «Vergetreidung» und «Grundherrschaft».

Vergetreidung

Neue Kulturpflanzen revolutionieren die Wirtschaftsstruktur. Nicht durch Textzeugnisse, wohl aber durch die archäo-botanische Forschung lässt sich zeigen, dass im Kerngebiet der fränkischen Welt (also zwischen Rhein und Seine) in wenigen Generationen zwei neue Kulturpflanzen den Siegeszug antraten, deren Anbau eine radikale Veränderung der Agrarkultur bedingte: Roggen und Hafer. Die beiden Getreide standen im Prinzip seit Jahrtausenden zur Verfügung, wurden aber erst in der fränkischen Gesellschaft systematisch angebaut und bald zu dominanten Anbauprodukten nördlich der Alpen. Der Roggen ist in der Forschung als «echte Entdeckung» jener Zeit und jenes Raumes bezeichnet worden.

Eine neue Form der Feldbestellung. Mit der Verbreitung dieser beiden robusten und damit für die nördlichen Klimazonen besonders gut geeigneten Pflanzen setzte sich die sogenannte *Dreifelderwirtschaft* durch. Sie hat die Ackerbauerträge wesentlich erhöht. Erstmals ist sie Ende des 8. Jahrhunderts urkundlich belegt. Im Jahresrhythmus wechselten Roggenanbau im Sommer, Haferanbau im Winter und Brache, in der das Vieh auf die Felder getrieben wurde, um sie zu düngen. Erst die Durchsetzung des Wendepflugs (am Pflug wurde ein sogenanntes Streichbrett angebracht, das die Erdscholle wendet), die ebenfalls zu jener Zeit erfolgte, machte die Dreifelderwirtschaft und die neuen Getreidesorten effizient, denn durch das Wenden der Scholle wurden die schweren Böden nun effizient entwässert.

Durchsetzung der Wassermühle. Im Gefolge der neuen Getreidesorten setzte sich, ausgehend vom fränkischen Kernraum, im 8. und 9. Jahrhundert, flächendeckend im nordalpinen Raum die Wassermühle durch, und zwar jene mit einem senkrechten Mühlrad. Anders als in warmen, südlichen Gegenden stand das Betreiben dieser Mühlen im Norden nicht im Konflikt mit Bewässerungszwängen, da im Norden eher eine Entwässerung als eine Bewässerung der Böden vonnöten war. Und anders als die im Süden Europas und in vielen anderen Erdteilen weit verbreitete Mühle mit waagerechtem Mühlrad konnte die senkrechte Mühle auch als Energiequelle für Arbeiten außerhalb des Agrarbereiches dienen, etwa wenn über eine mit der Mühle verbundene Nockenwelle ein leistungsfähiges Hammerwerk betrieben wurde. Einmal erfunden, konnte man die Wassermühle später als Energielieferant für viele Techniken einsetzen – etwa um zu walken, sägen, bohren, schleifen oder, wie schon erwähnt, zu hämmern. Die starke Verbreitung der Mühlen zeigt, dass das neue Getreide fast vollständig in die Brotproduktion ging und die Bevölkerung des fränkischen Raums im 8./9. Jahrhundert von Breinahrung zu Brotnahrung übergegangen ist. Wer aber besaß diese Mühlen, dieses lukrative Anschlussgewerbe im Gefolge der neuen Getreidesorten? Sie gehörten den Herren der in der Forschung sogenannten «Grundherrschaften». Auch diese waren eine Neuerung jener Zeit, und auch sie hatten ihren Ursprung im Kernraum der fränkischen Welt.

Grundherrschaft

Die – aus der Rückschau revolutionären – Veränderungen im Agrarsektor betrafen weit mehr als die Durchsetzung einiger Erfindungen (Wendepflug, Wassermühle mit senkrechtem Mühlrad), neuer Zuchtpflanzen (Roggen, Hafer) oder neuer Formen der Bodennutzung (Dreifelderwirtschaft). Sie betrafen auch neue Formen der Arbeitsorganisation, und das heißt zugleich: der Sozialhierarchien und Rechtsformen.

Die Großgrundbesitzer der römischen Kaiserzeit, deren Familien wir in den Dokumenten aus Gallien bisweilen bis ins 6. Jahrhundert begegnen, hatten ihre Ländereien mit Sklaven bewirtschaftet. Der Zusammenhang zwischen Arbeitsorganisation, Sozialstruktur und Rechtsform war in Gallien kein anderer als in den übrigen Teilen des römischen Imperiums rund um das Mittelmeer – kein anderer also als in Spanien, Italien, Konstantinopel oder Nordafrika. Seit dem 8. Jahrhundert aber finden wir in der nachrömischen nordalpinen Gesellschaft ein neues System der Arbeitsorganisation, das zum Spezifikum großer Teile des lateinischen Westens wurde: die Grundherrschaft. In keiner anderen Großkultur – weder auf dem Boden des alten Imperiums noch jenseits davon – gab es ein ähnliches Phänomen. Dies ist insofern bemerkenswert, als die Grundherrschaft sich nicht hätte herausbilden können ohne die schon beschriebene radikale Veränderung des Verwandtschaftssystems in der fränkischen Welt. Das Aufkommen der Grundherrschaft war eine Begleiterscheinung der massiven Schwächung der männlichen, ahnenorientierten Verwandtschaftsverbände zugunsten der horizontalen, um Ehepaare und Kleinfamilien organisierten Verwandtschaftsnetze (S. 101).

Die Basis der politischen Hierarchie. Im 8. und 9. Jahrhundert ist zwischen Rhein und Loire ebenso wie in der Po-Ebene ein System entstanden, das auf einer Zweiteilung der großen Landgüter basiert. Abhängige Bauern bewirtschafteten den einen Teil (auf dem sie lebten) für sich selbst, auf dem anderen arbeiteten sie als Dienst für den Herrn dieser Landgüter. In der Theorie sollte ein gegenseitiges Hilfs- und Schutzverhältnis entstehen zwischen den Bauern und den Grundherren, etwa so, wie es in einer Urkunde Kaiser Arnulfs von 893 verlangt wird: «Dass die übereigneten *mancipia* [also die Bauern] vom heutigen Tage an und zukünftig dorthin [dem Grundherrn] mit aller Sorgfalt dienen und dass sie von dort [vom Grundherrn] Herrschaft (*dominatus*) und Schutz (*defensio*) haben sollen, so wie es sich für einen Herrn gegenüber *servus* und *ancilla* geziemt».

Grenzen der Verbreitung. Diese spezifische Form der Macht- und Arbeitsorganisation breitete sich aus dem fränkischen Kernraum zwischen Rhein und Seine nach Süden bis an die Alpen und weit in den Osten aus. Wichtig ist, dass sie genau dort endete, wo der Einfluss der westlichen Kirche endete. Auch in Italien findet sie sich noch im langobardischen Raum, nicht aber in jenen Gebieten, die weiterhin den Kaisern am Bosporus unterstanden. Augenscheinlich hat die griechische Kirche bzw. das im Osten weiterlebende römische Kaisertum nicht die nötigen Bedingungen geschaffen. Dort hat das alte System – Kaiser, Senatoren, Sklaven – überdauert, so dass es keine Agrarrevolution gegeben hat. Hier hat die Kirche das alte Verwandtschafts-, Sozial- und Wirtschaftssystem weit weniger radikal transformiert; hier zahlten die Bauern ihre Abgaben nicht wie in der fränkischen Welt an einen Grundherrn, sondern wie in der römischen Kaiserzeit an einen kaiserlichen Amtsträger. Wo das Alte stark blieb und weiterhin funktionierte, bestand auch kein Bedarf an einem neuen System betrieblicher Organisation.

Männliche Ahnenverbände und Grundherrschaft vertragen sich nicht. Wo Clans in männlichen Linien die stärkste Sozialformation sind, wo die Beziehungen zwischen Brüdern und Cousins, Söhnen und Vätern, Vätern und Ahnen alle anderen Strukturierungsformen des Sozialen (auch die Ehe) dominieren, da gedeiht keine

Grundherrschaft. Deren zentrale Beziehungen sind nicht verwandtschaftlich definiert. Die Grundherrschaft folgt der Logik betrieblicher Ökonomie, nicht der Logik der Verwandtschaftsbeziehungen. Es sieht alles danach aus, als sei die Zerstörung der starken männlichen Clanstrukturen aus römischer Zeit der entscheidende Faktor gewesen, der diese im Kulturvergleich auffällige Form der Arbeitsorganisation und Sozialhierarchie ermöglicht hat. Es mag zwar übertrieben sein, diese für die fränkische Welt spezifische Transformation als «Entverwandtschaftlichung des Sozialen» (*Deparentalisation du social*) zu bezeichnen, doch im Kern ist bleibt festzuhalten: In vergleichbaren Gesellschaften außerhalb des fränkischen Europa finden wir diese Art der Arbeitsorganisation nicht. Allein im lateinischen Europa hat sich Verwandtschaft gewandelt von einer Institution, die das Soziale strukturiert, zu einer Institution, die der Strukturierungslogik anderer Institutionen – wie der Grundherrschaft – unterworfen war.

Die Rationalität der Sklaverei verschwindet. Über den Wandel von «Sklavenwirtschaft» zu «Grundherrschaft» und von «Sklaven» zu «Hörigen» ist viel diskutiert worden, aber die Deutungen der Forschung bleiben unscharf. Einigkeit scheint darüber zu bestehen, dass die neue Wirtschaftsform der Grundherrschaft nicht mehr so abhängig von Sklavenarbeit war wie der römische Großgrundbesitz. Es war offenbar ökonomischer, einem Bauern ein Stück Land für die eigene Existenzsicherung im Rahmen einer Grundherrschaft zu übertragen und ihn gleichzeitig zu verpflichten, das Herrenland zu bewirtschaften. Das flächendeckende Netz von kleinen bäuerlichen Parzellen, besiedelt von Kleinfamilien (Vater-Mutter-Kinder-Wohneinheiten), die das Land des Grundherrn mitversorgen mussten, machte einerseits Sklaven überflüssig; es näherte andererseits die Situation der ehemals freien Bauern jener von ehemaligen Sklaven an. Offenbar gab es über einen sehr langen Zeitraum viele verschiedene Formen von Abhängigkeit gegenüber einem Grundherrn, ohne dass wir noch erkennen können, wie sie – besonders bei ehemals Freien – jeweils entstanden sind.

V. Qarlush bin Ludhwīq, malik al-Faranj: Epilog

Eine Außensicht auf *al-Faranj,* die Franken, mag am Ende dieses kurzen Überblicks die Größenverhältnisse jenes geographischen Raums ins Gedächtnis rufen, den «fränkische» Könige und später Kaiser regierten. Wer nicht nur eine Karte Westeuropas zur Hand nimmt, sondern die alte Mittelmeerwelt betrachtet, kann nicht übersehen, dass die fränkische Welt um etwa 800 zwar beachtliche Ausmaße erreicht hatte, aber nicht zu vergleichen war mit der arabisch-islamischen Welt, deren Eliten mittlerweile die östlichen, südlichen und westlichen Küsten des Mittelmeeres beherrschten. Auch hat die Darstellung der fränkischen Bücher- und Bildungskampagnen vielleicht aus dem Auge geraten lassen, dass man in Konstantinopel und in Bagdad auf diese Kultur jenseits der Gebirge durchaus herabschauen konnte. Die arabisch-islamischen Autoren, die seit dem 7. Jahrhundert begannen, sich für den Westen zu interessieren und seit der arabischen Eroberung der Iberischen Halbinsel Nachbarn der fränkischen Welt waren, hatten zunächst sehr wenig Interesse an der fränkischen Kultur. Seit dem 8. Jahrhundert wurden sie interessierter, etwa an Königsfolgen, an der Stellung des Papstes oder an kulturellen Auffälligkeiten wie dem Zwang zur Monogamie. Bisweilen wurden die Franken als eine zurückgebliebene Kultur betrachtet, die Opfer eines zu kalten Klimas war, bisweilen aber auch als Bewohner eines auffallend gut organisierten Herrschaftsraumes.

Obwohl sich Franken und Muslime je nach Kontext gegenseitig als «Feinde Gottes» wahrnahmen, beschrieben lateinische wie arabisch-islamische Autoren viele friedliche Begegnungen und verzichteten in diesen Zusammenhängen auf polemische Töne. Was die arabischen Autoren unter «Franken» verstanden, veränderte sich über die Jahrhunderte – zunächst fassten sie damit nur den Herrschaftsraum der Frankenkönige, später unter dem Eindruck der Kreuzzüge dann alle Bewohner der lateinischen Welt, bisweilen wurden die Christen auf der Iberischen Halbinsel ausgenommen. Seit dem 9. Jahrhundert war «fränkisch» auch einer der von arabischen Autoren am häufigsten gebrauchten Termini, um Sprachen im Westen, Latein eingeschlossen, zu benennen.

Manches wussten die Muslime sogar über den einen oder anderen *malik al-Faranj* (Frankenkönig), was im lateinischen Europa noch nie jemand gehört haben dürfte und wohl auch keiner nachvollziehen konnte. So hat Ibn Hayyān († 1075) bei al-Rāzī († 955) die Todesursache des *tāghūt* (Tyrannen) *Qarlush bin Ludhwīq* (Karl, Sohn des Ludwig) abgeschrieben. Gott habe ihn, wohl Karl den Dicken († 888), mit einem nicht endenden Kopfschmerz bestraft, an dem er schließlich starb. Warum bestraft? Weil Karl «ein Abbild des Messias, des Sohnes Mariens – Gott segne sie beide – hergestellt hatte». Und zwar ein ganz besonderes Bild: «Ein Bild machte er von ihm aus 300 *ratl* [ein arabisches Gewichtsmaß] purem Gold, schmückte es mit edelsten Rubinen und Smaragden und setzte es auf einen Sitz, in den die wertvollsten Verzierungen getrieben waren [...], und das ganze Volk unter seiner Herrschaft verehrte es.» Hier ist ganz augenfällig ein in der griechischen und arabischen Welt virulentes Problem auf den Westen projiziert worden (S. 116). Im Westen war Bilderverehrung kein Thema, nirgendwo hat «das ganze Volk» ein Bild verehrt, nirgendwo hat ein König dazu animiert. Und niemand in der fränkischen Welt wäre auf die Idee gekommen, dass Gott zur Todesstrafe greifen würde wegen eines goldenen, mit Edelsteinen besetzten Bildes seines Sohnes. In der lateinischen Welt war ein solch goldenes Bild schon um 800 ganz einfach Kunst – *opificium,* eine gemachte Sache, «nach dem Talent und den Mitteln der Kunstfertigkeit einmal schön, ein anderes Mal hässlich».

Weiterführende Literatur

Synthesen: *B. Jussen,* Das Geschenk des Orest, München 2023; *M. Costambeys, M. Innes, S. MacLean,* The Carolingian World, Cambridge 2011; **Funktionsweise von Imperien:** *H. Münkler,* Imperien, Berlin 2005 (bes. die Einleitung); **Migrationsphase:** *M. Meier,* Die Geschichte der Völkerwanderung, München 8. Aufl. 2021; **Merowinger:** The Oxford handbook of the Merovingian world, hg. von *B. Effros,* Oxford u. a. 2020; **Karolinger exemplarisch:** *R. McKitterick,* Karl der Große, Darmstadt 2008; **Gewaltkultur:** *D. Föller,* Die unsichtbare Seite der karolingischen Welt, in: Historische Anthropologie 2016, S. 5–26; **Bücher- und Bildungskampagne** (zusätzlich zu *McKitterick*): *J. Leonhardt,* Latein. Geschichte einer Weltsprache, München, 2. Aufl. 2011; **kein Staat:** Der frühmittelalterliche Staat, hg. von *W. Pohl* und *V. Wieser,* Wien 2009 (hier die oben S. 83 beschriebene Diskussion); **kein Lehnswesen:** *S. Patzold,* Das Lehnswesen, München 2. Aufl. 2023; **Verwandtschaft:** *B. Jussen,* Erbe und Verwandtschaft. Kulturen der Übertragung im Mittelalter, in: Erbe. Übertragungskonzepte zwischen Natur und Kultur, hg. von *S. Willer, S. Weigel, B. Jussen,* Berlin 2013, S. 37–64; *W. Pohl,* Genealogy, in: Meanings of Community, hg. von *E. Hovden, C. Lutter, W. Pohl,* Leiden 2016, S. 232–269; *S. McDougall,* Royal Bastards. The birth of illegitimacy, Oxford 2016; **Wirtschaft:** *M. McCormick,* Origins of the European Economy A. D. 300–900, Cambridge 2001.

Bildnachweis

bpk/Münzkabinett, SMB/Lutz-Jürgen Lübke: **1 (oben)**; aus M. McCormick, Charlemagne's Survey of the Holy Land. (Dumbarton Oaks, Inv. BZ.1938.56), 2011, S. 191: **1 (unten)**; aus J. Ernesti: Princeps christianus und Kaiser aller Römer, 1998, S. 504: **2**; akg-images/Manuel Cohen: **3**; Jean-Jacques Chiflet. 1655 (Houghton Library): **4**; P. E. Schramm, Die deutschen Kaiser und Könige in Bildern ihrer Zeit, 751–1190, 1983, S. 274, Abb. 5a.b (bnf): **5 (oben)**; Bayerische Staatsbibliothek München, 4 Num.rec. 71 y, S. 44: **5 (unten)**; Erzbischöfliche Diözesan- und Dombibliothek, Cod. 83-II, fol. 14v: **6**; J. v. Leers, a. a. O, Umschlag: **7**; bpk/Kupferstichkabinett, SMB, Jörg P. Anders: **8**; akg-images/Erich Lessing: **9**; aus B. Jussen, Das Geschenk des Orest, 2023, S. 143, Abb. 17: **10**; aus Schramm, a. a. O., S. 308 f., Abb. 37: **11 (links)**; bpk: **11 (rechts)**; aus Un village au temps de Charlemagne, RMN, Cat 29 (Archives Nationales, Paris): **12**; aus W. Drösser, Christus auf Münzen, 2011, S. 90, 103: **13**.